L'homme à la main de fer

Paroisse John Carl

Writat

Cette édition parue en 2024

ISBN : 9789359949758

Publié par
Writat
email : info@writat.com

Contenu

PRÉFACE DE L'AUTEUR

Le but de ce livre est de présenter sous une forme narrative lisible, mais avec la plus grande exactitude, certains des événements qui ont accompagné l'arrivée des explorateurs français dans la vallée du Mississippi, et de traiter ces événements autant que possible du point de vue de la Indiens dans le pays desquels les hommes blancs sont entrés. En d'autres termes, un effort a été fait pour placer le lecteur dans la position et l'environnement des habitants indigènes afin qu'il puisse assister à l'arrivée des Blancs à travers les yeux et l'esprit des Indiens au lieu de suivre de l'extérieur l'exploration. par des hommes de son espèce, d'une terre inconnue peuplée d'une race étrange et vaguement comprise.

Dans un souci de préservation du point de vue de la Grande Vallée, le récit des explorations est centré sur Henry de Tonty – « l'Homme à la main de fer » – qui, contrairement à son chef La Salle, resta dans la vallée du Mississippi et en étroite collaboration avec lui. relations avec ses habitants depuis un quart de siècle.

Ce livre n'est en aucun cas une fiction. Il a été rédigé directement à partir des sources originales et des meilleures informations disponibles sur la vie des Indiens au moment de l'arrivée des Blancs. Les sources sont constituées principalement des lettres et relations du Père Marquette et d'autres Jésuites, de Joliet, de La Salle et de Tonty, ainsi que des écrits des différents frères, prêtres et soldats qui les accompagnaient. Quelques fragments sont accessibles sous forme manuscrite uniquement ; mais le matériel le plus important a été compilé, édité et publié par Pierre Margry , John Gilmary Shea, BF French, Reuben Gold Thwaites et d'autres.

Lorsque des conversations sont données , elles ont été tirées des rapports de ceux qui les ont tenues ou entendues. Habituellement, ils ont été traduits littéralement à partir des archives françaises. Parfois, le discours direct a été transformé en discours indirect, ou abrégé, et dans quelques cas, le discours indirect a été transformé en discours direct.

Les écrits des premiers explorateurs et prêtres regorgent de détails descriptifs de nature climatique, physique ou personnelle ; et ces informations, lorsqu'elles sont éclairantes, ont été exploitées pour reproduire aussi vivement et aussi fidèlement que possible les conditions entourant les événements décrits.

Il y a un auteur secondaire qui méritera toujours la gratitude de celui qui étudie les sujets liés aux Français et aux Indiens du Canada et de la vallée du Mississippi, et les remerciements sont ici adressés à Francis Parkman, non pas comme source d'information - bien que ses conclusions, tirées issus d'une étude exhaustive de documents originaux, sont d'une valeur inestimable, mais en tant que pionnier et maître inégalé dans le domaine et source d'inspiration sans faille.

De nombreuses personnes ont contribué au travail de diverses manières, et leur aide a été dûment appréciée ; mais l'espace ne permettra d'en mentionner que deux. Les critiques et suggestions utiles de mon épouse tout au long de la préparation du volume ont grandement profité au texte ; et les conseils et encouragements constants de l'éditeur de la série, le Dr Benjamin F. Shambaugh , ainsi que sa révision éditoriale minutieuse du manuscrit ont beaucoup ajouté à la valeur du livre.

Paroisse John Carl.

Denver, Colorado

CHAPITRE I

LE CAPTIF

Un cri soudain et lointain brisa le silence qui régnait sur les longues et basses huttes indiennes sur la colline. Instantanément, tout le village se réveilla dans une intense excitation. Les femmes abandonnaient leur travail au coin du feu ; les vieillards rangeaient leurs pipes à long tuyau et sautaient comme de jeunes braves jusqu'aux portes des loges ; tandis que dans les champs, les jeunes filles se tenaient droites pour écouter. Le cri retentit de nouveau , mais plus proche maintenant et comme s'il s'agissait de plusieurs voix. De chaque lodge au bord de la rivière et sur la colline affluaient les villageois à la peau rouge, leurs cheveux raides et noirs luisant au soleil. Des champs de maïs et de courges et des vignes de haricots sortaient des jeunes filles souples et des femmes indiennes robustes ; et de leur jeu au bord de la rivière, des enfants nus tombaient, essoufflés, dans l'espace ouvert devant les loges.

Au loin, avec des cris sauvages et triomphants, arrivait le groupe de guerre que les femmes et les vieillards du village attendaient depuis si longtemps. Ils pouvaient désormais voir les plumes gaies qui décoraient les têtes et la peinture rouge qui maculait les corps des braves qui revenaient. Maintenant, ils aperçurent des mèches de cuir chevelu agitées dans l'air ; et au milieu de la foule des guerriers, ils aperçurent la silhouette d'un étrange garçon indien qui marchait péniblement entre deux grands braves. « Des scalps et un captif » ont lancé le cri des villageois qui attendaient, et ils sont sortis à découvert avec des cris de bienvenue pour accueillir le groupe qui rentrait chez lui.

Ce fut une occasion dont on se souviendra longtemps. Les femmes de la tribu se rassemblaient en plein air, et avec des chants étranges et une musique sauvage, les bras levés haut et les pieds traînant et sautant, et avec les corps se tordant et se penchant, dansaient la danse du cuir chevelu.

Le captif n'était qu'un garçon qui ne parlait pas la langue des Illinois entre les mains triomphales duquel il était tombé. Il était un étranger au milieu des ennemis. Parfois, comme il le savait bien, dans les camps de la tribu Peoria, lorsque la nuit était tombée après une journée de bataille, les captifs étaient brûlés vifs. Une telle scène se représentait maintenant son esprit terrifié. Il s'imaginait lié au pied d'un pieu, au milieu d'une clairière. Il pouvait voir les flammes s'étendre avidement et consumer les bâtons séchés et les broussailles. Chaque seconde , ils montaient plus haut, projetant un cercle de lumière sur une foule serrée d'Indiens sans cœur et joyeux, qui regardaient les flammes grandissantes bondir et lécher les membres du captif impuissant attaché au bûcher.

Peut-être que s'il avait été un Iroquois, le destin du jeune garçon aurait été de brûler. Mais à cette occasion particulière, la rivière Iowa, qui passait devant le village de Peoria, n'a pas été témoin de tortures aussi barbares , car l'épouse du chef a réclamé le captif et l'a emmené dans sa propre loge, où, en temps voulu et avec la cérémonie appropriée, il a été adopté. en tant que membre de la famille du chef.

C'est dans une telle suite d'événements que ce garçon indien captif est venu, avec des paroles étranges sur les lèvres et la peur dans le cœur, vivre avec la tribu Peoria des Indiens de l'Illinois. Il avait de nombreux pressentiments, mais avec toute son imagination indienne, il ne pouvait pas prévoir que de ce village d'adoption il se lancerait dans une série d'aventures telles qu'aucun garçon ni aucun homme de sa tribu n'en avait encore connu, qu'il traverserait des pays et parmi des gens comme il n'en avait jamais connu, il rencontra des dangers qui rendraient sa capture au combat aussi inoffensive qu'une journée de pêche.

CHAPITRE II

L'ARRIVÉE DES ÉTRANGERS

Plusieurs jours plus tard, le calme et la beauté du mois de juin étaient arrivés sur la vallée du Mississippi. Devant les lodges de Peoria, sur les rives de la rivière Iowa, un mince sentier filait à travers les prairies, traversant deux lieues de soleil, au-dessus d'une belle campagne à voir, et aboutissait enfin à la rive ouest du Mississippi. Mais ce jour d'été, aucun Indien n'empruntait le chemin qui partait du village. Il n'y avait personne dans les rues de la ville indienne, et aucun mouvement n'était visible si ce n'est la lente montée de la fumée du sommet des trois cents lodges qui parsemaient la colline comme autant de longues tonnelles, aux toits arrondis rendus étanches par des couches de tissu. nattes tressées en jonc. Mais des huttes venaient des murmures, car à l'intérieur des murs sans fenêtres étaient rassemblés les Indiens de la tribu Peoria.

Au centre de chaque loge, quatre ou cinq feux brûlaient, et à côté de chaque feu deux familles s'installaient. Les femmes indiennes s'accroupissaient près des braises fumantes ou pilaient du maïs pour en faire de la farine dans des bols en pierre ; tandis que çà et là, sur des nattes de jonc ou sur le sol en terre battue, étaient assis des hommes aux corps tatoués et musclés, fumant des pipes à long tuyau ou réparant des arcs. Contre les murs, des papooses bruns, dressés dans leurs valises, clignaient des yeux à la lumière des portes et des feux ou ne regardaient rien, fixement et silencieusement. La vie dans les loges, sauf en temps de guerre, se déroulait sans incident. Il n'y avait pas non plus, en ce jour de fin juin, d'autre raison de s'attendre à des événements autres que ceux qui s'étaient abattus sur la tribu depuis des générations.

Puis, tout à coup, le village fut surpris par un cri. Ce n'était pas ce cri de guerre particulier qui résonnait parfois dans la vallée, ni encore le cri des chasseurs ou des guerriers qui revenaient. Il contenait une note étrange et nouvelle qui interrompit le travail acharné des femmes indiennes et réveilla les courageux rêveurs en activité. Les pipes furent posées, les pierres avec lesquelles les squaws moulaient le maïs tombèrent silencieusement dans les bols, et les papooses furent oubliés tandis que les villageois sortaient en masse des huttes au soleil.

Étrange était le spectacle qui rencontrait leur regard curieux. Là, sur le chemin qui venait du Mississippi, se trouvaient deux hommes. Les Peorias n'avaient jamais vu d'Indiens comme ceux-là. Bien que nous soyons au mois de juin, les étrangers étaient couverts de la tête aux pieds de vêtements de drap. L'un, un homme d'une vingtaine d'années, était vêtu d'un manteau et d'une épaisse culotte ; l'autre, un homme au visage calme , un peu plus âgé que son compagnon, portait une longue robe noire, serrée autour de sa taille par une corde et arrivant jusqu'à ses pieds. À cette corde était accroché un collier de grosses perles auquel pendait une croix.

À l'improviste, ces êtres étranges étaient apparus sur le chemin devant le village, presque comme s'ils étaient lâchés par un esprit venu du ciel. Il n'y avait aucune peinture sur leurs visages pâles, aucune plume dans leurs cheveux. Ils ne portaient aucune arme et n'exhibaient ni le calumet de guerre avec sa peinture rouge et ses plumes, ni le calumet de la paix qui annonçait la venue d'amis. Pourtant, il y en avait parmi les villageois indiens qui savaient sans doute d'où venaient les étrangers. Peut-être parmi eux se trouvaient quelques-uns des guerriers de l'Illinois qui, six ans auparavant, avaient visité un groupe de cabanes à plusieurs lieues au nord, sur la rive du lac Supérieur, et qui y avaient vu les énergiques commerçants de fourrures, avec leur couverture. des manteaux et des culottes solides, et les prêtres jésuites qui, vêtus comme cet homme d'une robe noire et d'une cagoule, s'étaient frayés un chemin dans les villages tout autour des Grands Lacs. Peut-être que lors des voyages que les Peoria faisaient parfois jusqu'au village de leurs frères Kaskaskia, sur la rivière Illinois, ils avaient entendu parler des hommes au visage blanc qui vivaient près de Green Bay et dans le détroit de Mackinac.

La rumeur se passa rapidement parmi les hommes du village de Peoria que ces deux étrangers appartenaient à la grande nation française d'outre-mer. De plus, comme il était d'usage que l'Indien se montre hospitalier envers les visiteurs pacifiques, ces deux hommes qui étaient apparus si inopinément sur le chemin devaient être dignement accueillis. Quatre Indiens – des hommes âgés ayant de l'autorité dans la tribu – sortirent de la foule et s'avancèrent sur le chemin. Ils marchaient lentement, deux d'entre eux tenant au-dessus de leur tête, dans la lumière du soleil, des calumets ou calumets de la paix ornés de plumes et finement ornés. Sans un mot, ils s'approchaient des étrangers, levant leurs pipes vers le ciel comme pour les offrir au soleil pour qu'elles fument. Finalement, ils s'arrêtèrent et regardèrent attentivement, mais avec courtoisie, les hommes blancs.

Puis parla l'homme en robe noire. "Qui es-tu?" » dit-il dans une langue algonquienne brisée.

«Nous sommes l'Illinois», répondirent les vieillards. Il y avait de la fierté dans leur ton, car le nom Illinois signifie « les hommes », comme si aucun autre Indien n'était aussi digne d'être appelé des hommes. Puis ils donnèrent aux hommes blancs les pipes de la paix à fumer et les invitèrent à visiter les loges.

Ensemble, les Indiens et leurs invités remontèrent le chemin menant au village. A la porte d'une des loges se tenait un vieil homme nu et droit, les mains tendues vers le soleil. Vers cette loge les étrangers se dirigèrent ; et comme ils approchaient, le vieil homme parla :

« Qu'il est beau le soleil, ô Français, quand vous venez nous visiter ! Tout notre village t'attend et tu entreras en paix dans toutes nos loges.

Dans la loge se trouvaient de nombreux membres de la tribu, et dans leur esprit était un grand émerveillement lorsqu'ils regardaient les hommes curieux venus de l'Est. Les anciens de la tribu remirent aux visiteurs le calumet de la paix ; et après avoir fumé, les Indiens tiraient aussi sur le calumet, s'assurant ainsi de la paix et de la bonne volonté envers leurs étrangers invités.

Un peu plus loin se trouvait un groupe de loges où vivait le plus grand chef de la tribu. Lorsqu'il apprit l'arrivée des hommes blancs, il les envoya les inviter dans sa loge. Les étrangers acceptèrent et un grand cortège les accompagna lors de leur traversée du village. Désireux de voir des visiteurs aussi insolites, les Indiens les suivirent en foule. Certains s'allongeaient dans l'herbe et les regardaient passer ; d'autres ont couru devant, puis sont revenus à leur rencontre. Pourtant, sans bruit et avec beaucoup de courtoisie, ils regardèrent les deux hommes blancs. Finalement, ils arrivèrent tous à la loge du chef Peoria.

Le chef se tenait sur le seuil de sa porte, tandis que de chaque côté de lui se tenait un vieil homme. Tous trois étaient nus et, face au soleil, ils tenaient le calumet à longue tige. Avec quelques paroles dignes, le chef entraîna les hommes blancs dans sa loge, où ils fumèrent de nouveau ensemble en toute amitié. Alors le silence tomba sur ceux qui se trouvaient dans la loge, car le moment était venu où les étrangers devaient raconter leur mission. Impassibles mais pleins d'attente, les Indiens attendaient. C'était l'homme à la robe noire qui parlait ; et à la manière des Indiens , il leur donna quatre cadeaux et avec chaque cadeau il leur donna un message.

En silence, les hommes rouges écoutèrent tandis qu'avec son premier cadeau, il leur expliquait le but de sa venue. Il s'agissait de Jacques Marquette, prêtre de l'Ordre des Jésuites, et son compagnon était Louis Joliet, commerçant de fourrures et explorateur de la grande nation française. Ils étaient venus en voyage paisible pour visiter les tribus qui habitaient le Mississippi, et ils avaient hâte d'aller jusqu'à la mer dans laquelle se jetait le Grand Fleuve.

de nouveau un présent et leur parla du Dieu des hommes blancs, qui avait également créé les Indiens et qui avait envoyé des prêtres en robe noire aux quatre coins de la terre pour raconter sa gloire aux Indiens. Puis il fit un troisième présent aux Péorias et leur parla du grand chef des Français qui avait fait dire qu'il avait vaincu les féroces Iroquois et fait la paix partout.

Avec le quatrième et dernier cadeau, il supplia les Peorias de lui parler des nations indiennes situées au sud, le long des méandres du grand fleuve et au bord de la mer dans laquelle il se jette.

Lorsque le prêtre eut fini de parler, le chef des Péorias se leva. À côté de lui se tenait un garçon indien d'une dizaine d'années. Ce n'était pas un Peoria, mais le captif qui avait été capturé au combat et adopté dans la famille du chef. Posant la main sur la tête du garçon, le chef prononça ces mots :

« Je te remercie, Robe Noire, et toi, ô Français, d'avoir pris tant de peine à venir nous rendre visite. Jamais la terre n'a été aussi belle et le soleil aussi brillant qu'aujourd'hui. Jamais notre rivière n'a été si calme ni si exempte de rochers que vos canots ont enlevés au passage. Jamais notre tabac n'a été si bon ni notre maïs aussi beau que nous le voyons aujourd'hui. Voici mon fils que je te donne pour te montrer mon cœur.

Ainsi, le jeune Indien captif est devenu membre du groupe d'explorateurs et a partagé leurs étranges pérégrinations et aventures dans la Grande Vallée.

Pendant que le prêtre parlait du Dieu des Français qui avait envoyé ses hommes à travers les mers et les forêts, le chef indien et ceux qui étaient assis à ses côtés pensaient à leurs propres manitous et dieux, et à leurs propres guérisseurs qui comprenaient et connaissaient les esprits puissants, et par des prières et des incantations, pouvaient les influencer pour qu'ils apportent le soleil pour faire mûrir le maïs et la pluie en temps de sécheresse, pour les protéger pendant la guerre et pour les guérir en cas de maladie. Ce prêtre en robe noire doit être un grand guérisseur dans les loges des blancs ; alors le chef dit :

« Je te prie d'avoir pitié de moi et de ma nation. C'est toi qui connais l'Esprit qui nous a tous créés. C'est toi qui lui parles et qui entends sa parole. Suppliez-le de me donner la vie et la santé et de venir habiter avec nous afin que nous puissions le connaître.

Alors le chef donna au prêtre une pipe semblable à celle que portaient les deux vieillards. Il était sculpté et orné de plumages d'oiseaux, et sa tige était aussi longue que le bras d'un grand brave. C'était un gage de paix dont les hommes blancs auraient souvent besoin dans les pays qu'ils s'apprêtaient à explorer. Avec ce présent, le Peoria parlait de l'amour qu'il portait au grand chef des Français.

Avec un autre cadeau, il avertit les hommes blancs des dangers qui les attendaient ; et il les supplia de ne pas aller plus loin. Des tribus féroces et meurtrières vivaient vers le sud, et d'autres dangers plus mystérieux et plus terribles se cachaient le long des eaux du fleuve. Mais le prêtre au visage doux répondit qu'il n'avait pas peur de la mort, disant qu'il ne considérait pas de bonheur plus grand que de mourir en enseignant son Dieu.

Tous les Indiens assis dans la loge du chef furent stupéfaits et entendirent cette réponse. Scalper un ennemi en l'honneur de son manitou et à la gloire de sa nation semblait le comble de la joie et du triomphe ; mais ils ne pouvaient pas comprendre le courage de quelqu'un qui serait volontairement scalpé ou torturé en l'honneur de son Dieu. Ils ne répondirent donc pas et le conseil fut clos.

Pendant ce temps, dans les loges, des femmes et des jeunes filles indiennes s'étaient occupées de préparer un festin pour les étrangers. Les papooses étaient accrochés aux arbres ou appuyés contre les murs du lodge pendant que leurs mères apportaient du maïs et de la viande, allumaient le feu et tuaient un chien pour les invités de marque. Une femme dont le nez avait été coupé en guise de punition pour infidélité envers son mari sortit d'une hutte voisine. Des jeunes filles, dont la tâche quotidienne consistait à entretenir les rangées de maïs et de haricots dans les champs, aidaient désormais à apporter dans la loge la nourriture que les femmes avaient préparée.

Le premier plat de cette fête de Peoria était la sagamite , un plat à base de farine de maïs indien et assaisonné de graisse. Il était servi sur un grand plateau en bois. Un Indien, agissant comme maître de cérémonie, prenait une cuillère faite avec un os de buffle, la remplissait de sagamite et la présentait plusieurs fois à la bouche des étrangers comme on nourrirait des enfants. Puis ils apportèrent, tout juste sortis des feux que les Indiennes avaient entretenus, un plat contenant trois poissons. Le même Indien prenait le poisson, enlevait les arêtes, soufflait sur quelques morceaux pour les refroidir et les donnait à manger aux invités. Le troisième plat, qui n'était servi que dans des occasions rares et très importantes, consistait en de la viande d'un chien fraîchement tué. À la grande surprise des Indiens, les hommes blancs n'ont pas mangé de ce plat et l'ont donc emporté. Le quatrième plat était de la viande de buffle, dont les meilleurs morceaux étaient donnés au prêtre et à son compagnon.

Après cette fête élaborée, les Peorias emmenaient leurs visiteurs à travers tout le village, et les Indiens, bouche bée et cœur ouvert, leur apportaient des cadeaux de leur propre fabrication : des ceintures et des bracelets faits de poils de buffle ou d'ours et teints en rouge, jaune, et gris. Enfin, lorsque la nuit tomba sur les loges de Peoria, Marquette et Joliet furent installés confortablement sur des lits en robes de buffle dans la loge du chef.

Dans l'après-midi du lendemain, les étrangers quittèrent les pavillons indiens sur la rivière Iowa et suivirent le chemin jusqu'à la rive du Mississippi ; et avec eux, courtois jusqu'au bout, allaient le chef et les six cents membres de la tribu. Lorsqu'ils arrivèrent sur la rive du fleuve, les Indiens regardèrent avec émerveillement les cinq hommes blancs qui avaient été laissés par leurs chefs pour garder deux petits canots, petits certes, en comparaison des grands bateaux des Peorias qui, creusés dans le des rondins de trois pieds mesuraient une demi-centaine de pieds de long.

Le soleil était à peu près à mi-hauteur du ciel lorsque les étrangers embarquèrent. Les Peorias , rassemblés sur la rive, regardèrent avec curiosité les deux hommes blancs et le garçon indien rejoindre leurs compagnons dans les canots d'écorce de bouleau, poussés hors du rivage, se balançant dans le courant et pagayant en aval. Puis ils firent face au soleil couchant et retournèrent au village à pied. En pensant aux tribus sauvages du sud et aux terribles dangers du fleuve, ils doutaient grandement que les vaillants étrangers reviendraient dans leur village et leur rendraient la visite promise par le prêtre en robe noire.

Ils revirent effectivement ces mêmes voyageurs, mais pas dans le village au bord de la rivière Iowa ; car au cours de cet été même, la tribu Peoria s'est déplacée. Un jour, les femmes indiennes dépouillèrent les poteaux de la loge, emballèrent le matériel du camp, se chargèrent de provisions de nourriture et de robes et, avec les hommes du village, entreprirent un voyage vers l'est qui les conduisit bien au-delà du Mississippi. Sur les rives de la rivière Illinois, non loin du lac qui porte encore leur nom, les femmes de Peoria installèrent de nouvelles loges et allumèrent les feux qui devaient brûler jour et nuit dans la nouvelle demeure. Plus en amont de la même rivière, une autre tribu de la nation Illinois, les Kaskaskias , vivait dans un village sur la rive nord.

Entre ces deux villes de l'Illinois, les jeunes braves passèrent sans doute souvent pendant l'été 1673 ; et pendant qu'ils s'asseyaient près du feu de leurs frères Kaskaskia et fumaient les longs calumets, les Peoria racontèrent l'arrivée des blancs dans le village au-delà du Mississippi et leur départ avec le jeune Indien pour descendre le long de la rivière mystérieuse jusqu'à la grande mer salée du sud.

CHAPITRE III

SUR LA GRANDE RIVIÈRE

Un prêtre en robe noire, un jeune commerçant de fourrures, cinq Français et un jeune Indien étaient assis dans deux canots d'écorce de bouleau sur le large courant du fleuve Mississippi un soir d'été. Après avoir dîné à la hâte près d'un feu de camp sur la rive, ils pagayèrent sur la rivière qui s'assombrissait pour que le feu ne les livre pas aux ennemis indiens. La nuit les rattrapa et ils ancrèrent leurs canots au milieu du courant. Laissant un homme de garde, le reste du groupe s'installa aussi confortablement que possible dans les bateaux étroits et essaya de dormir un peu.

La sentinelle restait silencieuse dans son canot, mais tous ses sens étaient en alerte. Pendant les longues heures de la nuit , il observait avec un œil attentif les ombres anormales dans la faible lumière de la lune ou des étoiles et écoutait le bruit des pagaies ou les mouvements des animaux sauvages. Les aventuriers se trouvaient dans un pays étranger et ils ne savaient pas quels dangers pourraient les menacer pendant leur sommeil.

Le garçon indien, dans la vallée duquel les étrangers étaient venus, connaissait les chemins de la nuit sur le fleuve et sur la côte, mais il se trouvait maintenant en étrange compagnie. Il se peut que lui aussi était éveillé, réfléchissant dans son cœur d'enfant aux manières curieuses de ces hommes blancs. Le village de Peoria où il avait récemment élu domicile se trouvait à plusieurs lieues en amont de la rivière. Vers quels pays venaient-ils ? Quand les monstres du fleuve, dont son peuple lui avait parlé, les engloutiraient-ils, canots et tout, dans une mort terrible ?

Lorsqu'une certaine constellation franchissait le zénith, la sentinelle tendait la main et réveillait l'un de ses camarades, puis rejoignait les autres dans le sommeil. Enfin, l'obscurité commença à se dissiper, tandis que sur la gauche, la faible lumière de l'aube s'avançait sur la rive rocheuse de la rivière. Bientôt, les Français se réveillèrent, prirent leurs pagaies et commencèrent une autre journée de voyage.

Chaque coup de pagaie éloignait le jeune Indien de sa maison et le rapprochait des monstres du grand fleuve. En entraînant un observateur attentif, il leva les yeux vers une paroi rocheuse abrupte et aperçut deux silhouettes étranges et effrayantes. La terreur l'envahissait, car il savait qu'il se trouvait en présence des êtres redoutables contre lesquels son peuple l'avait mis en garde. Là, peints sur les rochers en rouge, noir et vert, se trouvaient deux monstres aussi gros que des veaux de buffle. Ils avaient des visages comme des hommes, mais avec d'horribles yeux rouges et des barbes comme celles des buffles mâles ; et sur leurs têtes il y avait des cornes semblables à des cornes de cerf. Des écailles recouvraient leur corps ; et leurs queues étaient si longues qu'elles s'enroulaient autour du corps et au-dessus de la tête et, remontant entre leurs jambes, se terminaient par une queue de poisson.

C'était comme si le jeune Indien était seul avec un mauvais esprit, car aucun Indien n'était près de lui. Il ne pouvait poser aucune question aux hommes blancs. Eux aussi virent maintenant les redoutables animaux ; » et avec beaucoup de doigté et d'enthousiasme ils commencèrent à parler entre eux, mais dans une langue que le garçon indien ne pouvait pas comprendre. N'osant pas regarder longtemps le rocher représenté, il détourna le visage et s'assit sur son siège étroit, mal à l'aise et rempli de cette crainte mystique que seuls les gens de sa propre race pouvaient ressentir. Les hommes blancs continuaient à parler pendant que les canoës descendaient doucement vers le courant.

Soudain, alors qu'ils parlaient, un rugissement sourd parvint à leurs oreilles, devenant de plus en plus fort à mesure qu'ils descendaient la rivière jusqu'à ce qu'ils voient une grande ouverture dans la rive à droite et une large rivière se déversant du nord-ouest pour les rejoindre. C'était le Missouri qui descendait des montagnes à des milliers de kilomètres et jetait dans le Mississippi un amas de boue et de débris, des branches énormes et même des arbres entiers. Les deux canots esquivaient ici et là, tandis que les hommes aux pagaies, tantôt alertes et oubliant les dragons peints, conduisaient leur embarcation tantôt à droite, tantôt à gauche, faisaient un écart pour éviter un grand arbre, ou pagayaient pour sauver leur vie. une masse de broussailles. Seul un travail vigoureux les a sauvés.

Hors de danger, les aventuriers se demandèrent de quelles terres provenait le puissant ruisseau. Le vaillant Marquette jura d'endiguer un jour son puissant courant et de suivre ses eaux jusqu'à leur source, pensant qu'il pourrait ainsi trouver un autre cours d'eau qui le mènerait vers l'ouest dans la grande mer Vermillon qui s'étendait sur la route de la Chine. Mais le garçon indien n'oubliait pas facilement les monstres sur les rochers, et il regardait toujours autour de lui avec des regards inquiets.

Ce n'est qu'à quelques lieues plus loin que les voyageurs arrivèrent à un autre des terribles dangers dont les Peorias les avaient avertis : un endroit dans la rivière où, selon la légende indienne, vivait un démon qui dévorait les voyageurs et les aspirait. dans les profondeurs troubles. Alors qu'ils approchaient de l'endroit redouté, ils virent une violente montée des eaux, poussée avec une force terrible dans une petite crique. Des rochers s'élevaient haut hors du ruisseau ; et contre eux, la rivière se précipitait puissamment, jetant de l'écume et des embruns dans l'air. Refusant leur cours, les eaux s'arrêtèrent, puis se précipitèrent dans un canal étroit.

Pour l'esprit indien, qui voyait la vie et l'humanité, les bons et les mauvais esprits dans toute la nature, il y avait un mauvais esprit dans ces eaux turbulentes. C'était avec les yeux de sa propre race que le garçon indien observait maintenant les embruns lancés haut. Mais les deux canots passèrent en toute sécurité et arrivèrent bientôt à des eaux plus calmes.

Bientôt, les voyageurs approchèrent de la large embouchure de l'Ohio, dans la vallée de laquelle, attaqués de temps en temps par de féroces tribus iroquoises, se trouvaient les villages des Indiens Shawnee. Le long des rives se trouvaient des cannes et des roseaux qui poussaient épais et hauts. Les moustiques ont commencé à se rassembler en essaims qui ont rendu la vie misérable aux hommes alors qu'ils travaillaient dans la chaleur de la journée. Mais suivant la voie des Indiens du pays méridional, ils élevèrent au-dessus de leurs canots des tentes de toile qui les abritaient en partie et des moustiques et du soleil brûlant.

Alors naviguant, ils tombèrent un jour de manière inattendue sur un groupe d'Indiens armés. Marquette se leva et brandit haut le calumet de la paix, tandis que Joliet et ses camarades tendaient la main vers leurs armes pour être prêts en cas d'attaque. Cette fois, cependant, ils étaient en sécurité ; car les Indiens les invitaient seulement à débarquer et à manger. Les voyageurs débarquèrent et furent conduits au village, où les Indiens les nourrissaient de viande de buffle et de prunes blanches.

Il était évident que ces Indiens connaissaient les hommes blancs et qu'ils achetaient des marchandises aux commerçants de l'Est ; car ils avaient des couteaux, des fusils, des perles, du tissu, des hachettes, des houes, et même des flacons de verre pour leur poudre. Des Anglais aventureux de la côte atlantique leur avaient peut-être vendu ces objets en échange de fourrures. Avec les Espagnols fermement installés dans le sud-ouest et les Anglais - ennemis de longue date de la France - avançant depuis l'Est, il était grand temps que les Français descendent le fleuve, si l'on voulait un jour amener la Grande Vallée du Mississippi. sous le drapeau de la France.

Les Indiens dirent alors à Marquette et Joliet que la grande mer au sud n'était qu'à dix jours de route ; C'est ainsi qu'avec une énergie renouvelée, le groupe de huit repartit dans leurs canots. D'immenses peupliers et ormes bordaient désormais les deux rives, et des oiseaux au plumage éclatant s'élançaient d'un membre à l'autre ; tandis que dans les prairies cachées au-delà, on pouvait entendre le mugissement des buffles sauvages.

Alors qu'ils approchaient d'un village d' Indiens Michigamea , dont les huttes étaient presque au bord de l'eau, les voyageurs entendirent les cris sauvages de guerriers qui s'incitaient les uns les autres à l'attaque. Bientôt, ils envahirent le rivage avec des arcs et des flèches, des hachettes et de grands gourdins de guerre. En vain Marquette brandissait-il le calumet de la paix. En aval, les Indiens montèrent dans leurs longues pirogues et poussèrent pour attaquer les étrangers par le bas ; tandis qu'en amont d'autres jeunes guerriers lançaient leurs canots de bois et dévalaient la rivière avec des cris rauques de bataille. Encerclés par les deux groupes de guerre dans des bateaux et avec des ennemis armés hurlant le long des rives du fleuve, la mort semblait très proche pour les Français. Les paroles d'avertissement du chef de Peoria leur avaient annoncé une telle fin.

Peut-être que les lumières scintillantes des villes fluviales canadiennes et le visage souriant de la France n'avaient jamais semblé aussi lointains qu'aujourd'hui dans ces étendues inexplorées de la Grande Vallée. Et le jeune Indien — devant lui gisait soit la mort, soit la captivité. Dans des scènes comme celle-ci, il était passé de tribu en tribu. Il se peut que son jeune esprit le ramène maintenant au village où la fumée s'élevait des huttes de son propre peuple, où sa propre mère avait dénoué les liens qui l'attachaient au berceau de ses jours papoose et lui avait appris à courir. dans les vertes prairies et dans les bois frais avec les autres garçons, apprenant à tirer un arc, à piéger les créatures sauvages de la forêt et à se rouler au soleil, nus, en bonne santé et heureux.

Mais ce n'était pas le moment de penser à d'autres jours. Une poignée de jeunes braves se jetèrent dans la rivière pour s'emparer des petites pirogues des hommes blancs ; mais trouvant le courant trop fort, ils retournèrent au rivage. L'un d'eux a levé sa massue et l'a lancée sur le prêtre en robe noire. Tourbillonnant dans les airs, il passa au-dessus des canots et tomba avec fracas dans la rivière. Le filet des ennemis se resserrait de plus en plus autour d'eux, jusqu'à ce que de tous côtés les arcs commencèrent à se plier et les flèches se retirèrent, pointées par la mort.

Soudain, leurs armes tombèrent. Parmi eux, des hommes plus âgés, reconnaissant peut-être pour la première fois le calumet de la paix que Marquette tenait encore, retinrent les jeunes braves impétueux. Arrivés au bord de l'eau alors que les hommes blancs se rapprochaient, deux chefs jetèrent leurs arcs et leurs carquois dans les canots et invitèrent les étrangers à débarquer en paix.

Avec des signes et des gestes, les Indiens et les hommes blancs parlaient. En vain Marquette essaya-t-il, l'une après l'autre, les six langues indiennes qu'il connaissait. Enfin, un vieil homme s'avança qui parlait une langue cassée de l'Illinois. Par son intermédiaire, Marquette posait de nombreuses questions sur le cours inférieur du fleuve et la mer. Mais les Indiens répondirent seulement que les étrangers pouvaient apprendre tout ce qu'ils voulaient dans un village des Indiens de l'Arkansas, situé à environ dix lieues plus en aval du fleuve. Les explorateurs étaient nourris de sagamite et de poisson ; et, non sans quelque crainte, ils passèrent la nuit dans le village indien.

Le lendemain matin , ils continuèrent leur voyage, emmenant avec eux le vieillard comme interprète ; et devant eux marchait un canot avec dix Indiens. Ils n'avaient pas fait beaucoup de lieues lorsqu'ils aperçurent deux canots remontant la rivière à leur rencontre. Dans l'un se tenait un chef indien qui tenait un calumet et faisait des signes de paix. En chantant une étrange chanson indienne, il donnait à manger aux hommes blancs du tabac à fumer, de la sagamite et du pain à base de maïs indien. Sous la direction de leurs nouveaux guides, les Français arrivèrent bientôt au village de l'Arkansas, qui se trouvait près de l'embouchure de la rivière de ce nom.

Ici, sous l'échafaud du chef, on leur donnait des sièges sur de fines nattes de jonc. Autour d'eux étaient rassemblés en cercle les anciens de la tribu ; et autour des anciens se trouvaient les guerriers ; et au-delà des guerriers, en grande foule, le reste de la tribu était impatient de voir et d'entendre les hommes étrangers descendus du nord. Parmi les jeunes hommes, il y en avait un qui parlait mieux la langue de l'Illinois que le vieil homme, et par son intermédiaire, Marquette parlait à la tribu. Dans son discours, il parla de la religion des Blancs et du grand chef français qui les avait envoyés dans la vallée du Mississippi.

Puis il leur posa toutes sortes de questions sur le voyage à la mer. Était-ce un voyage de plusieurs jours maintenant ? Et quelles tribus étaient en route ?

Ce n'était que dans des occasions comme celle-là que le jeune Indien comprenait ce qui se disait, car habituellement ses compagnons de canoë parlaient un français mélodieux mais qui lui était totalement inintelligible. Il écoutait maintenant la langue de l'Illinois avec un vif intérêt. Le jeune interprète parlait de leurs voisins du nord, de l'est, du sud et de l'ouest. À quatre jours de voyage vers l'ouest se trouvait le village d'une tribu des Illinois, et à l'est se trouvaient d'autres personnes amicales à qui ils achetaient des hachettes, des couteaux et des perles. Mais vers la grande mer au sud, où les hommes blancs voulaient aller, se trouvaient leurs ennemis. Des tribus sauvages, armées de fusils, leur interdisaient tout commerce avec les Espagnols. Tout au long du cours inférieur du fleuve, les tribus féroces se battaient continuellement ; et malheur aux hommes blancs s'ils s'aventuraient plus loin, car ils ne reviendraient jamais.

Pendant que les Indiens parlaient des dangers de la rivière en aval de l'embouchure de la rivière Arkansas, de grands plateaux de bois étaient continuellement amenés, remplis de sagamite , de maïs indien et de chair de chiens. La fête ne se terminait pas non plus avant la fin du jour.

Méditant sur les avertissements de leurs hôtes, les hommes blancs se préparèrent pour la nuit. Lorsqu'ils se retirèrent sur des lits élevés à environ deux pieds du sol, à l'extrémité de leur longue hutte recouverte d'écorce, les Indiens tenaient un conseil secret. Certains guerriers avaient regardé avec envie les canots, les vêtements et les cadeaux des Blancs. Pourquoi ne pas attaquer les étrangers la nuit, leur casser la cervelle avec des casse-crânes ou des massues de guerre indiennes, et se débarrasser du pillage ? Pour certains Indiens cupides, c'était un plan tentant. Les blancs étaient sans défense et à des centaines de lieues de leurs amis. Qui était là pour venger leur mort ?

Mais pour le chef, qui avait accueilli les visiteurs avec le calumet de la paix, le lien d'amitié était sacré. Il déjoua les projets des braves traîtres, renvoya le conseil et fit appeler les hommes blancs. Puis, le calumet de la paix à la main, il dansa devant les étrangers la danse sacrée du calumet ; et, en terminant la cérémonie , il remit le calumet entre les mains de Marquette. C'était un signe sacré pour tous les Indiens, que la paix ne devait pas être rompue et que les Blancs seraient indemnes.

Les Français, cependant, ne dormaient pas beaucoup. Joliet et le prêtre restèrent assis tard dans la nuit et délibérèrent ensemble pour savoir s'ils devaient continuer vers la mer ou rebrousser chemin. Ils étaient maintenant très près de la mer, pensaient-ils – si près qu'ils étaient sûrs que le fleuve continuait vers le sud jusqu'au golfe du Mexique, au lieu de se tourner vers l'ouest ou l'est vers la mer Vermillon ou l'océan Atlantique. En effet, ils pensaient qu'en deux ou trois jours ils pourraient atteindre le Golfe.

Mais dans le pays situé entre l'embouchure de l'Arkansas et l'embouchure du Mississippi rôdaient des tribus féroces et meurtrières ; tandis que non loin se trouvaient les Espagnols. S'ils tombaient entre les mains des ennemis et perdaient la vie, qui raconterait à la France le récit de leurs merveilleux voyages ? Leur nation bien-aimée perdrait toute connaissance de leur expédition et revendiquerait donc tous la Grande Vallée au titre de son exploration. Et puis, il semblait qu'il n'y avait pas grand-chose de plus à apprendre en parcourant le reste du chemin jusqu'à l'embouchure. Joliet était impatient de raconter à son gouvernement l'histoire de l'expédition, et Marquette était plein d'empressement à raconter à ses frères prêtres les Indiens qu'il avait rencontrés et le grand travail qui attendait leurs efforts missionnaires.

En fait, les voyageurs se trouvaient à plusieurs longues journées de route depuis l'embouchure du fleuve. Mais heureux de penser qu'ils y étaient presque, Joliet et le prêtre décidèrent enfin de remonter le courant et de rapporter en Nouvelle-France le merveilleux récit de leur voyage de pionnier sur le grand fleuve inexploré.

CHAPITRE IV

LE CAPTIF LIBÉRÉ

C'était vers le milieu de juillet 1673, lorsque les Indiens de l'Arkansas virent la bande d'hommes blancs quitter leur village pour reprendre le voyage de retour. Les semaines qui suivirent leur départ de la ville de l'Arkansas furent pleines de labeur pour les voyageurs ; car maintenant, dans la chaleur de l'été, ils doivent pagayer à contre-courant du plus grand des fleuves américains. Enfin, arrivant à l'embouchure de l'Illinois et croyant qu'elle offrait un chemin plus court que celui par lequel ils étaient venus, ils se tournèrent vers ses eaux et remontèrent son courant lisse vers le lac.

Au cours de leur voyage sur la rivière Illinois, ils arrivèrent un jour, avec une grande surprise, dans un village dans lequel vivaient les mêmes Indiens Peoria qu'ils avaient vus pour la dernière fois de l'autre côté du Mississippi, dans la ville sur la rive du fleuve Illinois. la rivière Iowa. Les Peorias furent également surpris de voir les sept hommes blancs et le garçon indien remonter le ruisseau en pagayant.

Ici, les voyageurs fatigués furent accueillis avec une telle hospitalité qu'ils s'attardèrent trois jours dans le village. Le garçon indien renoua avec d'anciennes connaissances, tandis que Marquette allait de loge en loge, racontant aux Indiens le Dieu des Français qui les avait gardés pendant leur long voyage et les avait protégés de la peste et des désastres du fleuve, et de la torture et du meurtre par tribus hostiles d'Indiens. Les Peorias parlèrent à leur tour au prêtre de leurs tribus frères le long de la rivière Illinois et des guerres qu'ils menèrent ensemble contre les Sacs et les Renards du Nord et les bandes d'Iroquois de l'Est. Mais en regardant le visage du prêtre, ils virent des lignes de souffrance et de maladie, et ils savaient qu'il n'avait pas supporté avec aisance ce long et pénible voyage.

Lorsque les voyageurs se préparèrent à partir, les Indiens se rassemblèrent au bord de la rivière pour leur dire au revoir. Alors qu'ils s'apprêtaient à embarquer, des Indiens amenèrent au bord du ruisseau un enfant malade et demandèrent au Père Marquette de le baptiser. C'est avec une grande joie que le prêtre s'exécuta, car c'était le premier et même le seul baptême de tout le voyage d'été. Quelques minutes plus tard, le petit enfant mourut.

Les canots furent ensuite poussés dans le ruisseau, les hommes trempèrent leurs pagaies et, contournant une pointe de terre à une courte distance en amont du ruisseau, disparurent de la vue. Le groupe d'Indiens retourna au village, portant le corps de l'enfant mort. Ils l'enveloppèrent tendrement dans des peaux d'animaux sauvages et le déposèrent sur un échafaudage de perches bien au-dessus de la portée des loups rôdeurs.

L'automne arriva sur la terre et, à travers les feuilles mortes le long du rivage, les jeunes Indiens allaient et venaient entre les villages de l'Illinois. Des Kaskaskias , qui habitaient plus en amont de la rivière, les Péorias apprirent que Marquette et Joliet s'étaient arrêtés au haut du village, et que la robe noire avait promis de revenir leur prêcher. De plus, lorsqu'ils quittèrent ce village, un des chefs de la nation, avec une bande de ses propres hommes, les accompagna le long de la rivière, à travers le portage et jusqu'au lac des Illinois, comme ils appelaient alors le lac Michigan. Là, ils laissèrent les hommes blancs pagayant vaillamment sur la rive ouest en direction de Green Bay et de la mission jésuite de Saint-François-Xavier.

À Green Bay, Marquette s'est arrêté avec ses frères prêtres et a tenté de reprendre suffisamment de forces pour retourner dans les villages de l'Illinois. Mais Joliet est allée plus loin. Emmenant le jeune Indien avec lui, il voyagea jusqu'à la colonie du détroit de Mackinac. Là, le jeune Indien passa un hiver comme il n'en avait jamais connu auparavant. Autour de lui se trouvaient les grandes cabanes en rondins des Français ; et dans les rues de la petite ville marchaient des hommes aux allures étranges et curieuses. Il y avait des commerçants à la barbe brune, des prêtres avec des robes et des capuchons noirs, des trappeurs et *des coureurs de bois* en couverture et bonnet de fourrure ; et les Indiens des environs des Grands Lacs s'y rassemblaient pour vendre des fourrures et acheter les fusils et l'alcool des hommes blancs.

Le jeune Indien commença bientôt à comprendre et à parler la langue des hommes blancs et, à la fin de l'hiver, il pouvait même lire et écrire un peu en français. Il apprit rapidement les mœurs des Français ; et ses nombreuses qualités attrayantes le rendirent cher à Joliet.

Lorsque le printemps 1674 arrive, Joliet et plusieurs Français embarquent dans un canot et entreprennent la descente des Grands Lacs. Ils se dirigeaient vers la résidence du gouverneur de la Nouvelle-France à Québec, située sur les rochers au bord du Saint-Laurent. En cadeau au gouverneur, Joliet emmenait le jeune Indien qui avait partagé ses pérégrinations dans la Grande Vallée.

Joliet et ses compagnons ont parcouru des semaines après avoir pagayé régulièrement le long des rives des lacs et des rivières, à travers les détroits et les îles boisées. Une seule fois, ils furent obligés de porter leur canot pour effectuer un portage. Enfin , ils arrivèrent près de la ville de Montréal, avec la haute colline se dressant derrière elle. Ils étaient presque à la maison maintenant, et le cœur de Joliet avait dû faire un bond en pensant aux longs mois qu'il avait passés dans son périlleux voyage. Bientôt, il viendrait en triomphe devant Frontenac, gouverneur du Canada, lui raconterait ses explorations et lui remettrait entre les mains sa carte, ses papiers et le précieux journal de son voyage. Ces documents gisaient à côté de lui, au fond du canot, dans une boîte, avec quelques reliques de la lointaine vallée du Mississippi.

Seuls les rapides de La Chine – le Sault-Saint-Louis comme on les appelait alors – s'étendaient entre les voyageurs et Montréal, et alors la route était claire et lisse jusqu'au haut rocher de Québec. Le canot est entré dans les eaux vives. Des rochers recouverts de mousse passaient devant eux. Plusieurs fois Joliet avait traversé ces rapides. Probablement, après tous les périls qu'il avait traversés en toute sécurité sur le Grand Fleuve, il ne regardait qu'avec joie ce courant d'eau familier. Peut-être le jeune Indien a-t-il pensé au démon que son peuple craignait dans les eaux déferlantes du Mississippi. Un autre démon de ce type vivait sûrement dans ce passage troublé, avec la mort à sa portée implacable.

Comme pour prouver les craintes de l'Indien, le démon de l'eau tendit son grand bras mouillé et renversa le frêle canot. Joliet et ses bateliers français, le garçon indien et la précieuse boîte de papiers étaient jetés dans le courant violent ; tandis qu'en aval, on avançait aveuglément avec le canot d'écorce. Les hommes se débattaient sauvagement dans le courant impétueux, le courant tout en leur tordant les jambes et en jouant avec leurs faibles efforts. Joliet s'est battu jusqu'à ce que le souffle ait disparu de ses poumons et la force de ses membres. Puis il a perdu connaissance.

Le soleil impitoyable dessinait un long arc dans le ciel au-dessus des corps humains qui s'agitaient. Joliet était dans l'eau depuis quatre heures lorsque les pêcheurs l'ont ramené à terre et l'ont ramené à la vie. Deux de ses hommes se sont noyés ; et sa précieuse boîte de papiers gisait quelque part sous les eaux tumultueuses.

Et le garçon indien ? Lui aussi avait cédé au mauvais esprit des rapides. Il ne passerait plus comme un orphelin de tribu en tribu ; il n'essaierait plus avec les yeux, la langue et les doigts d'apprendre les mœurs de ses nouveaux amis blancs. Il avait quitté pour toujours les collines et les ruisseaux de la Grande Vallée, les prairies vertes si ensoleillées et les bois si gibiers. Il était passé à l'heureux terrain de chasse de son peuple.

CHAPITRE V

LA ROBE NOIRE

Dans la vallée du Mississippi , c'était à nouveau l'été. Le père Marquette, toujours malade, n'était pas revenu dans les tribus des Illinois. Les Peoria et les Kaskaskias , dans leurs deux villages sur la rivière Illinois, menaient une vie confortable et heureuse, car leur vallée était belle et fertile en ces mois d'été ensoleillés. Dans le sol riche des prairies, les femmes indiennes avaient planté des graines soigneusement conservées de l'année précédente. Et maintenant, dans les champs, les jeunes filles travaillaient parmi les longues rangées de maïs et entretenaient les vignes de haricots. En leur saison, les melons et les courges poussaient en abondance. Les bois le long de la rivière étaient pleins de gibier ; et dans les eaux tranquilles de l'Illinois, des poissons par centaines nageaient de long en large , une cible facile pour la flèche aux ailes rapides de la jeunesse indienne. Au loin, dans les plaines, parcouraient de grands troupeaux de buffles, qui fournissaient à la fois du sport et de la nourriture aux Indiens. L'automne venu, les Indiens encerclaient un troupeau de buffles puis mettaient le feu à la prairie, en prenant soin de laisser un espace libre par lequel les animaux effrayés pourraient s'échapper. Lorsque les gros animaux passaient par cette brèche dans le cercle de feu, ils étaient facilement abattus par les chasseurs indiens.

Tout au long de la rivière et jusqu'au lac de l'Illinois, l'hiver de 1674 s'abattit sur la terre avec une férocité cinglante. L'air était si froid qu'il en était presque cassant. Les vents hurlaient et balayaient la vallée avec des rafales qui poussaient les Indiens glacés au coin du feu ; tandis que la neige, à mesure qu'elle s'accumulait de plus en plus haut, désespérait souvent les hommes dispersés au loin dans leurs longues chasses hivernales. Parfois, les cerfs étaient si maigres qu'ils valaient à peine la peine d'être abattus. Du Mississippi jusqu'aux rives froides des Lacs, les hommes des tribus de l'Illinois chassaient, piégeaient et faisaient le commerce des fourrures.

Un jour, au cours de ce sombre hiver, arriva dans le village des Kaskaskias un Indien de grande renommée parmi les Illinois. Il s'agissait de Chassagoac , le célèbre chef Kaskaskia et commerçant de fourrures. Venant tout juste des rives supérieures du lac Michigan, il rapporta que, près de Green Bay, il avait rencontré le père Marquette avec deux Français, partant enfin pour les villages des Illinois. Arrivé au camp avec un cerf sur le dos, il avait partagé sa viande avec ces hommes blancs et, le lendemain, il était parti avec eux sur la rive ouest du lac. Le courageux prêtre était encore loin d'être en bonne santé, mais il était déterminé à tenir sa promesse envers les Indiens de l'Illinois. Accompagné d'un certain nombre d'hommes de l'Illinois qui partaient à la chasse hivernale et de femmes de l'Illinois qui avaient chargé les canots et l'équipement à travers le portage de Green Bay au lac, le groupe se dirigea lentement vers le sud le long de la rive.

Le père Marquette passait une partie de son temps à enseigner aux Indiens ; tandis que ses deux hommes, Pierre et Jacques, réparaient les fusils des chasseurs indiens et partaient avec eux à la recherche du gibier. Leurs canots étaient trop fragiles pour résister à une grande partie des intempéries qui pesaient désormais sur les rives du lac. La glace flottante les a poussés à terre encore et encore. La pluie, la neige fondue et les vents violents et glacials les ont empêchés de naviguer pendant des jours, tandis que des chutes de neige profondes ont entravé leur progression sur terre.

Au début de décembre, ils atteignirent l'embouchure de la rivière Chicago, où, se déplaçant à l'intérieur des terres de quelques lieues, les hommes blancs construisirent une cabane rudimentaire et se préparèrent à camper pour l'hiver. Marquette souffrait encore beaucoup et ne pouvait aller plus loin. Ici, Chassagoac et ses partisans de l'Illinois quittèrent le groupe et arrivèrent au village ; mais pas avant d'avoir acheté des blancs, pour trois belles peaux de castor, une coudée de tabac français. Puis ils étaient partis pour annoncer la nouvelle que la Robe Noire arriverait au printemps. Grande fut la joie parmi les Illinois.

Des semaines s'étaient écoulées lorsque Jacques, le serviteur du curé, vint dans un des camps de l'Illinois et raconta comment la Robe Noire gisait malade dans la cabane près du lac. Sur ce, les Indiens renvoyèrent une délégation avec du maïs, de la viande séchée, des citrouilles et des peaux de castor. Avec ces cadeaux, ils demandèrent de la poudre et d'autres marchandises. Le prêtre répondit qu'il était venu encourager la paix, qu'il ne voulait pas qu'ils fassent la guerre aux Miamis et qu'il ne pouvait donc pas leur envoyer de poudre ; mais il les chargea pour leur voyage de vingt lieues de hachettes, de couteaux, de perles et de miroirs.

Or, il se trouvait qu'il y avait deux commerçants blancs qui s'étaient également aventurés dans le pays des Illinois ; et de leurs cabines, ils apportèrent des provisions au prêtre malade. L'un de ces hommes, qui se disait chirurgien, resta quelque temps dans la cabane isolée de Marquette, heureux d'entendre la messe et de faire ce qu'il pouvait pour soulager les souffrances du père en robe noire.

C'est avec une immense joie que les hommes blancs dans leur cabane près du lac et les Indiens dans leurs camps de chasse et villages le long de la rivière accueillirent les vents plus chauds du sud qui brisèrent la glace de la rivière et déverrouillèrent la forteresse hivernale qui avait délimité le pays. Des animaux sauvages sont apparus et la viande est redevenue abondante. La neige fondait en ruisseaux impétueux ou s'enfonçait dans la terre amie. Alors que le soleil devenait plus chaud à midi, les femmes indiennes se préparaient pour la saison des semis.

Le 8 avril de l'année 1675, un cri de bienvenue s'éleva dans le village de Kaskaskia, car le prêtre tant attendu était arrivé. Cet homme calme, au visage aimable et aux manières douces, se retrouvait parmi des amis qui regardaient avec tristesse les signes de maladie gravés sur son visage patient. Ils savaient aussi bien que lui qu'il ne lui restait plus que quelques mois à vivre. Mais ils virent aussi sur son visage une joie merveilleuse, car le prêtre avait accompli le seul grand objectif qui l'avait soutenu au cours des longues semaines de souffrance : il était revenu prêcher aux Indiens de l'Illinois.

De cabane en cabane, le bon Père parlait aux chefs et aux guerriers qui se rassemblaient pour l'entendre. Trouvant les cabanes trop petites, il tint une grande réunion en plein air, sur une vaste prairie. Ici, tout le village s'est réuni. Les chefs et les anciens s'assirent à côté du prêtre ; et autour d'eux se tenaient des centaines de jeunes braves indiens ; et plus loin encore du centre du vaste cercle d'hommes rouges étaient rassemblés les femmes et les enfants de la tribu. Il leur parlait longtemps et, à chaque message , il leur faisait des cadeaux à la manière des conseils indiens.

Ce fut la dernière visite du prêtre en robe noire aux Indiens de l'Illinois. Ses forces lui manquent bientôt et, avec Jacques et Pierre, il remonte la rivière et traverse le lac, espérant contre tout espoir pouvoir atteindre la mission de Saint-Ignace à Mackinac avant sa mort. Des Indiens amis les suivirent pendant plus de trente lieues, se disputant le privilège de transporter ses quelques biens.

Finalement ils atteignirent le lac et s'embarquèrent. Jacques et Pierre pagayaient en canot le long du rivage, tandis que chaque jour le curé s'affaiblissait. Il avait toujours prié pour pouvoir mourir comme son saint patron, saint François Xavier, dans le désert lointain et solitaire de son ministère. Un vendredi soir, vers la mi-mai, il annonça avec une grande joie à ses compagnons qu'il mourrait le lendemain. Alors qu'ils passaient devant l'embouchure d'une petite rivière, Marquette, désignant une petite colline qui s'élevait à côté, demanda à ses deux hommes de l'enterrer là.

Ils le portèrent à terre et construisirent pour sa protection une grossière cabane en écorce. Il y mourut tranquillement le samedi 18 mai 1675. Il fut enterré par ses deux hommes sur la butte montante qu'il avait choisie ; et sur sa tombe, ils sonnèrent la cloche de sa petite chapelle et érigèrent une croix grossière pour marquer l'endroit.

Quelque temps plus tard, un groupe d' Indiens Kiskakon , revenant d'un voyage de chasse, arriva sur le site de la tombe solitaire. Ils avaient connu le père Marquette des années auparavant, alors qu'il vivait sur les rives du lac

Supérieur. Ils décidèrent maintenant de transporter sa dépouille à l'église de la mission Saint-Ignace. Avec respect, ils rassemblèrent les précieux os, les séchèrent et les préparèrent à leur manière indienne, les déposèrent dans une boîte d'écorce de bouleau et les portèrent en grande pompe avec un convoi de trente canots à la mission de Mackinac. Là, dans un caveau de l'église, les restes du Père Marquette furent déposés avec les honneurs funéraires ; et là, prêtres et commerçants vénéraient sa mémoire et les Indiens venaient prier sur son tombeau.

Et dans la vallée de l'Illinois, les tribus auprès desquelles il avait fait son dernier pèlerinage pleurèrent la mort de leur doux visiteur ; et les Péorias , tandis qu'ils vaquaient à leurs occupations quotidiennes dans les champs ou les huttes, dans les prairies ou au bord des ruisseaux, pensaient souvent au jour de juin où le prêtre en robe noire et son compagnon français avaient parcouru le petit sentier et se sont démarqués. pour les rencontrer sous le soleil radieux de leur vieux village sur les rives de la rivière Iowa.

CHAPITRE VI

« Les Iroquois arrivent ! » C'était un cri qui secoua le cœur même des plus audacieux parmi les Indiens de l'Illinois. Féroces comme le vent du nord-ouest en hiver, les hommes rouges cruels et sanguinaires venus de l'Est avaient semé la terreur sur leur passage tout le long des Grands Lacs et jusqu'au Mississippi. Près de l'embouchure de l'Ohio, Marquette et Joliet, lors de leur voyage mémorable en 1673, avaient trouvé les Shawnee vivant dans une peur mortelle des guerriers des Cinq Nations.

Cinq années s'étaient écoulées dans les loges des Péoria et des Kaskaskias depuis cet été mémorable ; mais la peur planait toujours sur les villages du haut bassin de la Grande Vallée. Trois années de chasses d'hiver et d'été, de maïs mûrissant et de paysages enneigés, s'étaient écoulées dans la vallée de l'Illinois depuis que Marquette en robe noire, au visage doux et malade à mourir, avait fait ses adieux aux jeunes Indiens Kaskaskia. et partit avec ses deux hommes le long des rives du lac des Illinois, pour ne plus jamais être revu vivant, sauf par ses deux fidèles compagnons.

Pendant toutes ces années, les femmes indiennes murmuraient entre elles leurs craintes dans les loges ; et les hommes, tout en ébréchant leurs pointes de flèches en pierre ou en façonnant leurs arcs puissants, priaient leurs manitous pour que si les Iroquois venaient, les pointes de pierre puissent voler droites et sûres, de peur que leurs loges ne soient brûlées et que les hommes nus et hurlants de l'Est ne soient brûlés. portent la torture et la mort parmi leurs femmes et leurs enfants.

Les Iroquois sont effectivement venus. C'est en 1678 que des groupes de guerre de ces tribus féroces descendirent dans la vallée de l'Illinois. Dans les plaines boisées, les tribus alliées s'avancèrent à leur rencontre ; tandis que les femmes, les enfants et les vieillards des villages attendaient avec effroi et peur que des coureurs arrivent, essoufflés, pour leur annoncer la repoussée de l'ennemi détesté. Cette fois, les villages furent sauvés, mais la peur ne s'éteignit pas avec la victoire. La vallée ressemblait à une ancienne forteresse dont les défenseurs avaient combattu les assiégeants loin des murs, mais dormaient sur leurs bras dans la crainte constante d'une attaque encore plus meurtrière.

En cette même année 1678, Allouez, un autre prêtre en robe noire, vient s'établir parmi les Indiens du village Kaskaskia. Il était venu vers eux pendant quelques semaines au printemps de l'année précédente, lorsque huit des tribus de la nation Illinois étaient rassemblées au village des Kaskaskias afin d'être constamment prêtes à repousser les invasions des Iroquois. Maintenant le curé était venu rester, baptiser leurs enfants et leur apprendre davantage sur l'étrange manitou dont Marquette leur avait parlé la première fois. Une immense croix de vingt-cinq pieds de haut avait été érigée au milieu de la ville, et les Indiens l'écoutaient avec respect pendant qu'il chantait la messe et leur prêchait.

L'hiver avec sa longue saison de chasse s'écoula ; la rivière a gelé et a dégelé à nouveau ; le moment des semailles revint ; et les enfants jouèrent encore au soleil pendant les longues heures de l'été. Les événements se sont donc dirigés vers les événements étranges de l'hiver qui a suivi. Dans le village de Kaskaskia, les femmes et les filles avaient récolté la récolte de maïs indien et l'avaient rangée dans des caches ou des fosses creusées dans le sol, tapissées de joncs et de brindilles et couvertes pour le long hiver. C'était un magasin précieux, car il devait fournir du maïs pour les semailles du printemps et de la nourriture jusqu'à la prochaine récolte. Puis, alors que les feuilles tombaient une à une des arbres le long de la rivière et que les vents plus froids arrivaient, tout le village partit pour la chasse hivernale.

C'était la veille de Noël 1679, et Allouez, le prêtre en robe noire, s'attardait encore dans le village de Kaskaskia, pensant, plus que probablement, à la veille de Noël dans sa France bien-aimée, loin de l'autre côté de l'océan, où, sous les lumières de cent lumières des prêtres aux chandelles célébraient la messe de minuit. Ou peut-être pensait-il au haut rocher de Québec où une colonie frontalière surveillait le fleuve d'un air renfrogné. Même s'il se trouvait à des centaines de lieues de la civilisation, il était plus proche que lui.

Mais écoutez ! Il y eut un bruit qui fit sortir le prêtre de ses rêveries et le ramena à la forêt et aux rochers le long de la rivière enneigée du désert. De l'obscurité sortit un groupe d'Indiens, de jeunes braves issus de bandes errantes de Miamis et de Mascoutins . Allouez connaissait bien ces tribus, car il avait vécu avec elles des années auparavant dans leur village près du portage de la rivière Fox. Étrange et excitante était la nouvelle qu'ils lui apportèrent cette nuit. L'inquiétude s'accentua sur le visage du prêtre alors qu'il rassemblait ses quelques affaires et se dirigeait à travers la neige et les bois jusqu'au village des Miamis et des Mascoutins .

Le village des Kaskaskias , sur la rive nord de l'Illinois, était désormais silencieux et désert. Les pavillons isolés et les caches bien remplies prouvaient à eux seuls que les Indiens reviendraient. À plusieurs lieues en aval de la rivière se trouvait le village des Peorias . Ici aussi, les jeunes gens partaient à la chasse hivernale ; mais les hommes plus âgés, les femmes et les enfants étaient toujours au village. Avec eux se trouvaient Nicanopé , frère de Chassagoac , et bien d'autres de la tribu Kaskaskia.

Pas un soupçon du message qui avait tant alarmé Allouez dans le haut du village n'était parvenu aux Péorias . Mis à part la peur omniprésente des

Iroquois, qui se cachait dans l'esprit de chaque Indien, ils vivaient aussi paisiblement que les rigueurs de l'hiver le permettaient. La fumée de leurs huttes s'élevait dans le ciel hivernal ou se dirigeait vers le sud et l'est lorsque les souffles de vent balayaient les plaines. La rivière était ouverte, et sur les rives se trouvaient de chaque côté des pirogues, de lourdes pirogues de cinquante pieds de long et assez grandes pour contenir plus d'une vingtaine d'hommes.

Moins de deux semaines s'étaient écoulées depuis qu'Allouez avait fui le haut du village. Le soleil était levé depuis une heure ou plus et le village de Peoria était plein de vie. Des guerriers et des vieillards se promenaient ici et là dans leurs vêtements d'hiver en peau de buffle, ou restaient assis en fumant et en regardant placidement la rivière et le ciel. Les femmes , toujours occupées , tissaient des nattes de jonc ou s'agitaient pour ramasser du bois. Les enfants jouaient en plein air, et du côté ensoleillé des loges, des mères zélées avaient déjà dressé les papooses brunes liées comme de petites momies dans les berceaux.

Puis, remuant le village comme une flèche fait sursauter une bande d'oiseaux, retentit le cri sauvage : « Les Iroquois ». De derrière une pointe en saillie, la rivière balayait une longue file de canoës. Une confusion indescriptible s'ensuivit. Des deux côtés de la rivière, les hommes sautaient sur leurs arcs et leurs flèches ; tandis que les femmes, s'arrêtant à peine pour saisir leurs bébés, se précipitaient entre les huttes et se dirigeaient vers les bois amicaux de la colline. Avec eux partaient les jeunes filles et les enfants, fuyant comme des lapins effrayés.

Pendant ce temps, le courant de la rivière entraînait les canots jusqu'au village. Ils se tournèrent vers la gauche et une grande silhouette sauta du canot le plus proche jusqu'à la rive, puis resta là, observant tranquillement la confusion des villageois. Certains guerriers s'enfuirent dans les bois avec les femmes. D'autres, armés d'armes avides, étaient sur le point d'attaquer les nouveaux venus, lorsqu'un cri d'un de leurs chefs, sur l'autre rive, les fit s'arrêter. Il avait vu que, même si les hommes des canots, armés de fusils et prêts à la guerre, auraient pu abattre une douzaine d'Illinois dans leur première course confuse aux armes, ils n'avaient pas tiré un seul coup de feu. Ces hommes n'étaient évidemment pas des Iroquois, mais des Français qui semblaient plus déterminés à la paix qu'à la bataille.

Péorias rassuré , et un autre fut offert par les Français. Les canots furent remontés jusqu'à la rive et, ensemble, les hommes blancs et les villageois se rendirent aux lodges. Des vieillards réapparurent des bois et des femmes sortirent de leurs cachettes. Les enfants, aux yeux méfiants, regardèrent le visage de trois frères, Pères de l' Ordre Récollet , vêtus de robes grises et de capuchons pointus, qui les prirent par la main et leur dirent des paroles amicales mais inintelligibles.

Dans les loges, les guerriers et les chefs, maintenant que la crainte d'une attaque iroquoise était apaisée, accueillaient les visiteurs avec tous les signes de bonne volonté. Ils se frottaient les pieds avec de l'huile d'ours et de la graisse de buffle et les nourrissaient avec ce que le village avait de meilleur à offrir. Puis ils se sont assis pour un conseil de paix, prêts à entendre le message des hommes blancs. Chassagoac était parti à la chasse et son frère Nicanopé était donc le plus haut gradé des chefs indiens présents.

Il y avait des hommes audacieux parmi les Français dans ce conseil ; et les Indiens regardaient avec des yeux allumés la haute silhouette du chef blanc qui avait le premier sauté de son canot, et le visage sombre d'un autre homme qui semblait être le prochain aux commandes. Ce deuxième homme était assis dans le canot à l'extrémité de la ligne qui descendait vers le village. Il fut parmi les derniers à débarquer ; mais quelque chose d'inhabituel et d'étrangement maladroit dans ses mouvements attira rapidement l'attention des Indiens. Au conseil, cependant, leurs yeux se tournèrent du lieutenant basané aux cheveux noirs vers le grand chef blanc alors qu'il se levait pour parler.

Robert Cavelier , sieur de La Salle, était un homme encore mineur, mais une volonté indomptable et une activité inquiète et incessante avaient déjà rempli ses années d'expériences d'une vie ordinaire. Aucun Indien ne pouvait contempler ses traits froids et finement ciselés et ses yeux inébranlables sans ressentir la force implacable de cet homme. Ils écoutaient ses paroles avec une attention tranquille.

Il leur offrit du tabac de Martinique et quelques hachettes, disant qu'il voulait avant tout leur raconter une chose qu'il avait faite et la leur expliquer. Quelques jours auparavant, lui et ses hommes étaient arrivés au village de leur tribu frère, les Kaskaskias , à plusieurs lieues en amont de la rivière. Le village était vide là où ils espéraient trouver des Indiens sympathiques avec de la nourriture. Incapables de tuer du gibier, ils risquaient de mourir de faim. Ils savaient bien combien était précieux le blé caché dans les caches de la ville déserte, mais dans leur extrémité ils en avaient emprunté ; et maintenant ils voulaient le payer en cadeaux ou le rendre aux Peorias si les Indiens ne pouvaient pas l'épargner. En même temps , il ajouta que s'ils ne pouvaient pas lui donner de la nourriture pour ses hommes, il descendrait la rivière chez leurs voisins, les Osages, et y installerait la forge qu'il avait apportée pour raccommoder leurs couteaux et leurs hachettes et fabriquer eux de nouveaux outils pour le chemin de la guerre et la chasse.

Derrière les visages impassibles de Nicanopé , Omawha et d'autres chefs se cachaient des esprits sensibles à une situation nouvelle. Cet homme n'était pas une simple robe noire, venu parmi eux pour prêcher et baptiser leurs mourants ; il n'était pas non plus un commerçant solitaire, un *coureur de bois* de passage exerçant son audacieux métier de piégeage, de chasse et de commerce des fourrures. Il y avait là un grand chef avec des hommes derrière lui, un guerrier avec des fusils cracheurs de feu, un commerçant avec des canots pleins de hachettes, de couteaux et de tabac et une forge pour garder leurs armes en ordre et en fabriquer de nouvelles. C'était sûrement un homme grand et puissant qui était venu dans leur pays par cette froide journée d'hiver, et ce serait bien pour les tribus des Illinois s'il restait parmi elles.

Mais que dit-il ? Il parle des Iroquois. Eux aussi sont sujets du roi des Français. Pourtant, si les audacieux Iroquois tombaient sur eux, La Salle et ses partisans se joindraient aux Illinois, leur donneraient des fusils et les aideraient à protéger leurs villages des assauts des Cinq-Nations. Seulement ils doivent le laisser construire un fort près de leur village pour la protection de ses hommes. Il souhaitait également construire un grand canot, assez grand pour contenir tous ses hommes et tous ses biens, et, grâce à lui, descendre l'Illinois jusqu'au Mississippi et de là sur son large courant jusqu'à là où il se déversait dans le golfe du Mexique. afin qu'il puisse rapporter plus de haches et de cadeaux.

Les Indiens étaient ravis. Plusieurs Kaskaskias étaient présents, et parmi eux se trouvait Nicanopé , l'un de leurs chefs. Ils dirent à La Salle de garder le blé qu'il avait pris dans le haut du village, et le supplièrent de rester parmi eux, d'installer sa forge et de construire son fort. S'il souhaitait descendre le fleuve qui coulait tout au long de la Grande Vallée, il trouverait que c'était une voie navigable facile et que le pays à travers lequel il coulait était une terre de beauté et d'abondance.

Finalement, la conférence se termina et les Indiens se retirèrent dans leurs propres loges avec un grand bonheur d'esprit. Parmi eux, aucun n'était plus heureux que le chef Omawha , car La Salle lui avait témoigné une faveur particulière et lui avait donné deux hachettes et plusieurs couteaux.

CHAPITRE VII

LE CONSEIL SECRET

La nuit est venue froide et calme. Dans la rivière, les particules de glace flottantes se sont transformées en une couche solide jusqu'à ce que le cours d'eau soit recouvert d'une rive à l'autre. La Salle, s'étant retiré avec ses hommes dans les quartiers assignés, fit surveiller les loges et s'endormit. Dans leurs longues loges , les Indiens s'enroulaient dans des couvertures et rêvaient peut-être du chemin de la guerre et du retour triomphal des guerriers portant les scalps des Iroquois.

Dans l'obscurité, au nord-est, une demi-douzaine d'Indiens défilaient tranquillement le long du sentier menant au village. Ils étaient chargés de fardeaux. Ils pénétrèrent furtivement dans le village et arrivèrent à la loge du chef. Bientôt, des silhouettes furtives d'hommes indiens sortirent de cette loge et cela jusqu'à ce que les chefs et les guerriers se réunissent en conseil nocturne secret avec les étrangers du nord-est.

La Salle et ses hommes dormaient en paix, tandis que Nicanopé , Omawha et leurs amis étaient assis en cercle et écoutaient les paroles des visiteurs nocturnes. Monso , un chef Mascoutin , était le porte-parole, et avec lui se trouvaient cinq ou six Miami . Les fardeaux qu'ils portaient étaient des bouilloires, des hachettes et des couteaux, comme cadeaux pour accompagner l'histoire qu'ils étaient venus si secrètement raconter aux Illinois. Et c'était leur message. La Salle était un ami des Iroquois. Même maintenant, il était en route vers les ennemis des Illinois sur le Grand Fleuve au-delà. Il donnait à ces ennemis des armes et des munitions et revenait avec eux par l'ouest pendant que les Iroquois se rapprochaient de l'est. Ainsi, encerclés et piégés, les Illinois connaîtraient leur ruine. Leur seul espoir était d'empêcher La Salle d'aller plus loin et de rejoindre leurs ennemis sur le Mississippi.

Monso a transmis son message avec effet ; et la peur s'empara des hommes du village de Peoria alors qu'ils réfléchissaient à l'avertissement qui leur était parvenu lors de cet étrange conseil nocturne. Sous le sol en terre battue de la loge , ils enterrèrent les cadeaux que Monso avait apportés. Les étrangers, ayant donné leurs inquiétantes nouvelles, se glissèrent dans l'obscurité et disparurent aussi doucement qu'ils étaient venus ; tandis que les hommes de Peoria retournaient furtivement à leurs loges et essayaient d'oublier l'alarme que Monso avait déclenchée dans le village.

Lors du conseil secret au cours duquel Monso et les Miamis racontèrent leur histoire, il y en eut un qui ne partageait pas la peur de ses camarades ; mais il n'a rien dit. Le chef Omawha s'est assis tranquillement tout au long du conseil et s'est évanoui avec ses frères chefs sans un mot. Mais au petit matin, il vint en secret chez La Salle et lui raconta l'histoire de la nuit.

Comme sur la rivière gelée depuis l'arrivée des Français, l'humeur des Indiens de l'Illinois avait changé au matin. Hier, ils étaient joyeux et amicaux, pleins de sourires et de bonnes paroles pour La Salle et son compagnon à la peau sombre et pour la vingtaine et plus de leurs hommes. Aujourd'hui, ils étaient froids et méfiants. Ils croyaient Monso et craignaient – craignaient pour leurs maisons et pour la vie de chaque homme, femme et enfant des tribus. La crainte des Iroquois leur revint à l'esprit lorsqu'ils virent dans les puissants Français les alliés de leurs ennemis. Le soleil froid de l'hiver atteignit son point culminant dans le ciel et commença son voyage vers l'ouest. Il fallait faire quelque chose immédiatement, sinon ils étaient perdus.

Nicanopé fait prévenir la loge de La Salle qu'il prépare un festin pour lui et ses hommes. Bientôt, dans les rues de la ville indienne, se dirigeait l'étrange cortège d'hommes blancs se dirigeant vers la fête. De l'entrée de chaque loge, des Indiens curieux regardaient passer les visiteurs. La plupart d'entre eux, peut-être, suivaient les mouvements de La Salle : longs membres et visage ferme, avec des yeux perçants et des cheveux qui tombaient sur son col. Mais de nombreux regards se détournèrent de lui pour se tourner vers son compagnon au visage sombre et aux cheveux noirs, qui semblait être le commandant en second et dont le bras droit pendant qu'il marchait pendait à ses côtés avec une lourdeur particulière. Cet homme était Henri de Tonty ; et dans tout le monde occidental, il n'y a pas de cœur plus courageux que le sien. Le vaillant La Salle n'avait pas non plus d'ami et de disciple plus fidèle dans les jours troublés qui s'annonçaient.

A côté de ces deux hommes, il y avait peut-être trente Français, certains d'entre eux battus par les intempéries et ayant de nombreuses années d'expérience dans la nature, et d'autres jeunes et récemment arrivés de la lointaine France. Il y avait aussi trois frères en robe longue et en sandales, non pas vêtus de noir comme Marquette et Allouez récemment décédés, mais en robes et capuchons gris. L'un était jeune, petit et vigoureux ; l'un d'eux était vieux, mais plein d'esprit. Le troisième marchait d'un pas pompeux, et une fierté complaisante pesait sur son visage rond.

Dans la loge où la fête devait être donnée, les hommes blancs se présentèrent et s'assirent avec les chefs et les hommes des tribus des Illinois. Moins de vingt-quatre heures s'étaient écoulées depuis que les visiteurs de minuit du village de Miami avaient raconté leur histoire à voix basse dans la même loge. Ce n'était pas seulement une fête qui devait être célébrée ; car dans l'esprit des Illinois, il y avait la détermination d'empêcher par quelque moyen ces hommes audacieux de continuer à inciter leurs ennemis occidentaux. Tandis qu'ils regardaient les deux chefs et leur compagnie, leurs pensées étaient hostiles, même si leurs yeux ne le montraient pas. Oui, il faut arrêter La Salle et ses hommes. Et tandis qu'ils attendaient le festin, accroupis sur des nattes sur le sol en terre battue de la loge, le chef Nicanopé se leva et commença à parler.

Il n'avait pas amené les hommes blancs là-bas, disait-il, tant pour régaler leurs corps que pour les guérir de l'étrange folie qui les habitait de descendre le Mississipi. Personne n'y est allé sauf jusqu'à sa mort. De terribles tribus qui, par la force du nombre, pouvaient vaincre les Français habitaient le long des côtes. Les eaux de la rivière étaient pleines d'énormes serpents et de monstres mortels. Même si leur grande pirogue les sauvait de ces périls, le lit de la rivière coulait par-dessus des rapides et tombait en torrents sur des précipices abrupts, pour finalement tomber dans un grand abîme où il se perdait sous la terre, et aucun homme vivant ne savait où il se trouvait. est allé. Tel serait le terrible sort des Français s'ils poursuivaient leur voyage plus loin.

Les Peorias restèrent accroupis en silence tandis qu'ils écoutaient l'avertissement du chef. Les hommes blancs ne s'aventureraient sûrement pas dans de tels dangers. Ils observaient les visages de La Salle et de ses partisans à la recherche d'une lueur de peur. Sur les visages de La Salle et de Tonty, aucune ombre ne bougeait. Çà et là parmi leurs hommes se trouvaient *des coureurs de bois*, des hommes qui avaient vécu dans les pays occidentaux et qui comprenaient les paroles de Nicanopé. Ils les traduisirent à voix basse à leurs camarades. Des regards inquiets traversèrent les visages de ces aventuriers moins expérimentés, et les yeux perçants des Peoria captèrent des éclairs de peur et de consternation sur le visage de nombreux voyageurs français. Leurs propres cœurs se réjouissaient de ces signes d'alarme, mais leurs visages n'exprimaient rien d'autre qu'une calme insouciance.

Mais les paroles de La Salle ne les réconfortèrent guère lorsqu'il se leva à son tour pour répondre. Pour la gentillesse de Nicanopé de les avertir, il le remercia très cordialement. Mais il n'était pas intimidé. Si les dangers étaient grands, leur gloire serait encore plus grande. Les Français étaient heureux, disait-il, de périr en portant le nom de leur grand chef jusqu'au bout du monde. Il croyait que l'histoire des périls mortels racontée par Nicanopé était motivée soit par le désir amical des Illinois de voir les hommes blancs rester dans leur village, soit par quelque mauvais esprit qui avait chuchoté des paroles de méfiance. Si les Illinois étaient vraiment amis avec lui, qu'ils lui racontent franchement les choses qui les dérangeaient. Autrement, il devait croire que l'amitié qu'ils avaient manifestée au début ne sortait que de leurs lèvres.

Nicanopé, découragé par l'échec de sa ruse, ne répondit pas, mais présenta de la nourriture à ses invités. Lorsqu'ils eurent mangé en silence de la sagamite

, de la viande de chevreuil et de buffle, La Salle se leva de nouveau et continua son discours. Il ne fut pas surpris de voir les autres tribus jalouses des avantages que les Illinois allaient tirer de leurs relations avec les Français, ni de voir les autres tribus lancer de fausses rumeurs ; mais il s'étonnait que les Illinois croyaient à ces histoires et les cachaient à celui qui avait été si franc. Puis il se tourna et adressa ses paroles à Nicanopé stupéfait :—

«Je ne dormais pas, mon frère, lorsque Monso, hier soir, a raconté en secret ses histoires contre les Français et a dit que j'étais un espion des Iroquois. Sous cette loge même, les cadeaux avec lesquels il essayait de vous persuader de la vérité de son histoire sont encore enterrés. Pourquoi a-t-il pris son vol si vite ? Pourquoi ne vous a-t-il pas parlé en plein jour s'il a dit la vérité ?

L'Illinois restait silencieux, mais l'esprit agité. L'étonnement et la crainte remplissaient leurs yeux méfiants. Quel genre d'homme était cet homme qui, bien que endormi dans sa loge, devinait les secrets cachés de leur conseil de minuit ? Quel grand médicament lui a donné le pouvoir sur les choses de la nuit comme sur celles du jour ? Pouvait-il lire leurs pensées ? La voix retentissante de l'homme blanc continuait :

« Ne savez-vous pas que si je l'avais voulu, dans votre confusion à mon arrivée, j'aurais pu vous tuer tous ? Qu'avais-je besoin d'alliés iroquois ? Ne pourrais-je pas à cette heure même, avec mes soldats, massacrer tous vos chefs et vos vieillards pendant que vos jeunes gens partent à la chasse ? Regardez nos fardeaux. Ne sont-ils pas des outils et des marchandises à votre disposition plutôt que des armes avec lesquelles vous attaquer ? Courez après ce menteur Monso . Ramenez-le et laissez-le me faire face, qu'il n'a jamais vu, mais dont il prétend connaître les plans.

Il y eut une courte pause. Nicanopé n'avait pas un mot à dire. Monso était parti et de la neige était tombée sur ses traces. Ils n'ont pas pu le retrouver et le ramener. Leurs plans avaient échoué. Le chef des Français était désormais pour eux un homme à la fois émerveillé et effrayant. Seul Omawha de tous les Illinois comprit, mais il ne dit pas un mot. Les hommes rouges et blancs s'évanouirent après la fête et retournèrent dans leurs loges. Les collines boisées de l'autre côté de la rivière gelée engloutirent le soleil d'hiver et le crépuscule précoce se referma sur le paysage blanc.

Près des loges cédées aux Français, La Salle installa une garde, puis se coucha. Tonty, après un dernier regard sur le village, se retourna parmi les robes. Dans les autres loges, étendus sur des nattes et enveloppés dans des peaux de buffle, des hommes indiens dormaient ou pensaient aux événements étranges de la nuit et du jour révolus. Si quelqu'un avait observé, comme c'est peut-être le cas, il aurait assisté à un deuxième rassemblement nocturne, cette fois dans l'ombre des loges des Français. Six personnages échangèrent furtivement des mots et des signes ; puis, sans bruit, il passa devant le pavillon le plus éloigné et traversa la neige en direction du village des Miamis d'où Monso était venu. Ils faisaient partie de ces Français sur le visage desquels les Indiens observateurs avaient vu des signes de peur aux paroles de Nicanopé .

Une heure s'écoula, lorsqu'une nouvelle lumière commença à toucher le ciel et les bois. Hors de la loge de La Salle, la grande silhouette du chef sortit dans l'air froid du matin. Il regarda autour de lui avec surprise. Aucun de ses hommes ne montait la garde. D'un pas rapide et féroce, il visita les loges les unes après les autres. Dans l'un d'eux, il ne trouva qu'un seul Français que ses compagnons ne l'avaient pas entraîné dans leur complot.

Tonty, réveillé, trouva son chef à côté de lui avec de sérieuses nouvelles aux lèvres. Six de leurs hommes, lâches et fripons, avaient préféré les dangers de l'exposition et de la famine aux dangers décrits par Nicanopé . Ils avaient profité de leur position de gardes pour abandonner leur chef dans l'espoir d'atteindre le village d'où Monso était originaire.

CHAPITRE VIII

LE FORT APPELÉ CRÈVECŒUR

Pendant dix jours, l'air fut glacial et la rivière près du village de Peoria resta gelée. Dans le cœur des Peorias persistait un froid de peur, car malgré sa dénonciation de Monso , ils ne pouvaient pas chasser leurs doutes à l'égard du chef français ; et la redoutable invasion iroquoise, qui les hantait depuis des années, était très présente dans leurs pensées lorsque les Français passaient parmi eux.

Lorsque les Indiens voient une fois la peur trahie en public, ils n'oublient jamais ; et maintenant, pour certains hommes de La Salle, les Peorias n'avaient que du mépris, car tous ceux qui avaient montré de la peur aux paroles de Nicanopé n'avaient pas fui dans les bois. D'autres Français, comme Ako , le *coureur des bois* , étaient d'une race différente. Audacieux, forts, expérimentés dans l'artisanat du bois après de nombreuses années passées dans la nature, ils suscitaient au moins la considération des guerriers indiens.

Quant aux trois frères en robe grise, ils ne faisaient aucun mal et il régnait dans leurs cérémonies un curieux mystère qui plaisait aux cœurs d'enfants des Indiens. L'un de ces frères, le Père Hennepin, ressemblait bien plus à un homme qui aimait le monde et les joies de la vie. Il se pavanait dans le village avec toute la douceur sacerdotale étouffée par l'intérêt qu'il portait à son entourage. Il était très conscient de sa propre grandeur et convaincu que sans lui, la petite bande de Français se trouverait dans une situation difficile.

C'était avec des sentiments différents que les Péorias regardaient La Salle et Tonty. Ils les craignaient énormément et conservaient toujours leurs soupçons, mais à côté de leur peur et de leur suspicion, il y avait aussi du respect et de la crainte. Ils ont reconnu en eux les qualités qu'un Indien aime : la force, l'intrépidité totale et une détermination qui brise tous les obstacles. Il y avait à propos de chacun de ces hommes un mystère qui déconcertait l'esprit des Indiens et excitait leur intérêt encore plus que ne le faisaient les guérisseurs de leurs propres tribus.

Les Indiens ne savaient rien du passé de ces deux hommes remarquables ; ils ne pouvaient pas lire l'histoire des dangers et des difficultés qui avaient marqué les années de La Salle, ni l'histoire des pièges et des pièges tendus par ses ennemis pour sa destruction. Ils ne pouvaient pas savoir qu'au fort Frontenac, alors que La Salle était en route vers leur pays, un de ses hommes avait mis du poison dans sa nourriture. Ils n'étaient pas non plus au courant de l'incident du portage de Miami, où l'un de ses partisans, marchant derrière, avait levé son arme pour tirer dans le dos de son chef et n'en avait été empêché que par le bras rapide d'un camarade. Ils savaient que six de ces hommes avaient déserté et s'étaient enfuis dans les bois, mais ils ignoraient que le même jour, dans leur propre village, un autre de ses valets perfides avait de nouveau tenté de l'empoisonner.

Ils ne savaient rien des premières expériences d'Henri de Tonty, des mers qu'il avait parcourues et des combats qu'il avait menés sur terre et sur eau au service du roi de France. Ils ne connaissaient pas non plus la foi avec laquelle il servait son chef et ami La Salle. Mais un instinct certain disait aux hommes rouges qu'il y avait là deux hommes qu'ils aimeraient comme des amis ou qu'ils redouteraient comme des ennemis.

Une journée froide se succédait. La plupart des jeunes hommes étaient encore à la chasse et sur le sentier de la guerre. Ceux qui restaient à la maison réparaient leurs armes, fumaient et regardaient paresseusement les femmes travailler sur des nattes et des robes, mais sans jamais abandonner un instant la pensée ou la vue des étrangers blancs parmi eux.

À la mi- janvier , la glace fondit, l'air laissa tomber sa piqûre et la terre amicale apparut sous la neige. La Salle et le frère Hennepin montèrent dans un canot et descendirent la rivière jusqu'à une demi-lieue en aval du village. Bientôt, Tonty et le reste du groupe les rejoignirent. Sur la rive gauche de la rivière, à deux cents pas du bord de l'eau, s'élevait une petite colline. Devant elle se trouvait une étendue de terrain bas et marécageux, et de chaque côté se trouvaient de profonds ravins.

Les Indiens curieux qui se glissaient le long du rivage pour observer les mouvements des hommes blancs les virent en train de creuser un fossé derrière la colline pour relier les deux ravins. Au bord de la colline, une ligne de terre s'élevait, formant un mur qui descendait en fossé, en ravin et en marais. Puis une palissade de rondins fut érigée de vingt pieds de haut. À l'intérieur de cette palissade, dans deux coins, les Français occupés se construisirent des logements, une cabane pour les trois frères dans le troisième coin et un entrepôt dans le quatrième. Le long du mur du fond était installée la forge, et au milieu même de l' enceinte se trouvaient les quartiers de La Salle et de Tonty. À cette place forte au bord de la rivière Illinois, La Salle donne le nom de Fort Crèvecœur .

Un autre travail qui étonna encore plus les Indiens se poursuivit au bord de la rivière. Ici, les hommes abattirent de grands arbres, les taillèrent en bois, scièrent des planches et commencèrent à construire un puissant canot comme les hommes de la tribu n'en avaient jamais vu. Avec une quille de quarante pieds et une largeur de douze pieds, aucun Peoria ne pouvait douter qu'il descendrait en toute sécurité le Grand Fleuve qui traversait le pays de ses ennemis.

À plusieurs reprises , les Indiens se demandèrent dans leur cœur si le chef français croyait ou non aux récits de terreur racontés par Nicanopé . On le voyait peu au village maintenant, car lui et ses hommes étaient descendus au nouveau Fort Crèvecœur ; mais il n'y a jamais eu de moment où les personnages indiens, pas très occupés à la maison, ne regardaient pas à travers les buissons ou ne restaient pas assis hardiment, fascinés par les activités animées du fort et du chantier naval primitif.

Pendant ce temps, loin au sud, un groupe de jeunes hommes revenait du sentier de la guerre. A plusieurs lieues devant eux se précipitait l'un des membres de la bande , un jeune guerrier envoyé pour annoncer au village leur approche. A travers les plaines et les bois enchevêtrés, il marchait péniblement avec des pieds fatigués. Il était maintenant à moins de trois lieues du village, mais il était fatigué et très affamé. Alors qu'il avançait péniblement, il tomba sur une silhouette quelque peu étrange à ses yeux. Mais il avait vu les commerçants qui descendaient de temps en temps les rivières du Canada et il connaissait cet homme pour un Français. Il vit, ce qui convenait le plus à ses besoins, que l'étranger transportait quatre dindons sauvages. Excédé par la faim, il l'appela et lui demanda de la nourriture.

L'homme blanc lui tendit un dindon sauvage. Avec des mains avides, l'Indien alluma un feu, y balança une bouilloire qu'il portait avec lui et commença à cuire la volaille. Tandis que le feu léchait les parois de la bouilloire, l'étrange homme blanc l'interrogea sur son voyage et s'enquit du Grand Fleuve qui traversait les pays du Sud. Le jeune guerrier ramassa du feu un morceau de bois carbonisé et dessina avec lui, sur un morceau d'écorce, un diagramme minutieux qui montrait le cours de la rivière et les ruisseaux qui s'y jetaient. Puis il donna les noms de ces ruisseaux et parla des tribus qui habitaient le long d'eux, et l'homme blanc les écrivit dans sa propre langue sur l'écorce.

Partout le long du Mississipi, le jeune Indien avait voyagé en pirogue, et jamais aucune chute ni aucun rapide ne lui barrait la route. Il n'y avait même pas de bancs de sable, sauf près de l'embouchure dans la chaleur de l'été. Les deux hommes parlèrent de ces choses pendant quelque temps, pendant que l'Indien se reposait et apaisait sa faim. Finalement le Français donna une hache à l'homme rouge et lui demanda de ne dire à personne qu'il l'avait rencontré. Les lèvres ainsi scellées par le don de l'homme blanc et l'estomac réjoui par le jeu de l'homme blanc, le jeune Indien se détourna et accompagna son nouvel ami avec une certaine crainte vers le fort nouvellement construit, au lieu de passer au village.

Tôt le matin du lendemain, dans le village des Peorias , un groupe d'Indiens était rassemblé dans la loge de l'un des chefs. Ils se régalaient avec une grande joie de la viande d'un ours, un mets très apprécié parmi eux.

Soudain, une forme obscurcit l'entrée de la loge et La Salle entra parmi les Indiens accroupis. Il s'arrêta au milieu d'eux et regarda autour de lui avant de parler. Un sourire de triomphe était sur ses lèvres.

« Peut-être ne savez-vous pas, dit-il, que le Créateur de toutes choses prend particulièrement soin des Français. En réponse à mes prières , il m'a révélé la vérité concernant le Grand Fleuve, que vos effroyables récits m'ont empêché d'apprendre.

Puis il raconta aux Indiens étonnés tous les détours du Mississipi, le courant doux sur lequel un canot pouvait monter jusqu'à son embouchure. Il décrivit chaque rivière qui y pénétrait de l'est et de l'ouest, et nomma chaque tribu qui habitait sur ses frontières. Nulle part il n'y avait de chutes ou de rapides pour gêner le passage, et c'est seulement là où la rivière s'élargissait à l'embouchure qu'il y avait des bas-fonds, des barres de sable et de boue. Chaque détour, chaque falaise rocheuse et chaque entrée de ruisseau, il semblait connaître comme s'il avait passé des mois à monter et descendre la rivière dans une pirogue indienne.

La viande d'ours a été oubliée. Les Indiens restaient silencieux, les mains posées sur la bouche avec étonnement. Quel grand pouvoir ou « médecine » cet homme possédait-il qui lui permettait d'observer ce qui se passait lors de conseils secrets nocturnes, et de voir et de décrire des centaines de lieues du cours et de la vallée du Grand Fleuve qu'il n'avait jamais visités ? Comme des enfants pris en flagrant délit, ils avouèrent que tout ce qu'il disait était vrai et qu'ils ne l'avaient trompé que pour le garder parmi eux.

La Salle quitta la loge, les laissant l'esprit troublé. Comme ces hommes aux visages blonds et aux cheveux flottants étaient étranges et merveilleux. Et que leur présence présageait-elle pour l'Indien ? Étaient-ils leurs amis, ou étaient-ils des amis de cœur des Iroquois ? Qui savait à quelle distance de leurs villages se trouvaient les bandes de guerriers peints des Cinq Nations ? Pourtant, même si la suspicion pesait sur leur cœur, ils regardaient avec convoitise les hachettes et les couteaux, les bouilloires et les armes que les hommes blancs apportaient.

CHAPITRE IX

L'INVASION BLANCHE

Pas un jour ne se passait sans que l'Illinois ne suive d'un œil inquisiteur les mouvements des hommes du fort. Ils observaient les grandes poutres blanches au bord de la rivière pendant que les Français les disposaient et les attachaient ensemble jusqu'à ce que le navire en pleine croissance commence à ressembler au squelette blanc d'un immense buffle couché blanchi et nu aux quatre vents du ciel.

Omawha , le chef amical, adopta comme fils le petit jeune frère du parti de La Salle ; ainsi la robe grise du Père Membré passait librement dans et hors des loges du village . Comme l'un des membres de la famille du chef, il mangeait des plats indiens et dormait sur des robes de bison près des feux de loge qui couvaient . Ses compatriotes blancs étaient au nouveau fort ; et lui seul observait l'arrivée du printemps dans la ville indienne.

Alors que l'hiver commençait à se terminer, les groupes de chasseurs rentrèrent chez eux. Le groupe de guerre du Sud a amené des captifs avec eux et le village est devenu plus peuplé. Mais Chassagoac , l'infatigable chasseur, était toujours dans les bois.

Même dans les longues étendues du pays indien, hivernales et mornes, les nouvelles voyageaient vite ; et les Illinois savaient bien que des coureurs transportaient dans toute la Grande Vallée les récits des hommes blancs parmi les Peorias , du fort sur la colline et du navire qui devait descendre le long fleuve. C'est donc avec inquiétude que les Péorias virent un jour un rassemblement d'Indiens campés autour du fort. Il s'agissait d'Osages, de Chickasaws et d'Arkansas, des tribus qui vivaient le long du Mississippi, loin au sud. Et les villageois savaient que, jaloux des avantages de l'Illinois, ils parleraient au chef blanc de la facilité de navigation du fleuve et l'inciteraient à descendre vivre dans leur pays.

Peu de jours s'écoulèrent avant l'arrivée d'un autre groupe d'Indiens, cette fois du Far West, si loin au-delà du fleuve Mississippi qu'ils parlaient d'Espagnols aux cheveux longs qui partaient à la guerre à cheval et combattaient avec des lances. L'un des Indiens portait fièrement à sa ceinture une blague à tabac fabriquée à partir d'un sabot de cheval et à laquelle était attachée une partie de la peau de la jambe. Une semaine plus tard, une autre délégation est venue voir les Blancs de grande renommée. C'étaient des Sioux du lointain Nord-Ouest, du pays où le Mississippi prenait sa source ; et ils étaient des ennemis de longue date des tribus des Illinois.

Dans les conseils des Indiens de l'Illinois, il y eut de nombreux débats. Chaque chef avait sa propre opinion. C'était une époque d'événements nouveaux et étranges. La tribu des Illinois avait longtemps vécu fièrement et confortablement dans la vallée. Ils avaient chassé et pêché le long des rivières à leur guise. Dans les espaces ouverts devant leurs pavillons en forme de tonnelle, ils jouaient, fumaient et se prélassaient pendant les jours d'été, le soleil éclatant réchauffant leurs corps nus. Et quand ils étaient fatigués de se prélasser, ils revêtaient leurs vêtements de peinture rouge et noire, se rassemblaient en hurlant dans la danse de guerre et partaient en raid contre les Sacs et les Renards à l'ouest du lac des Illinois, ou les Sioux par le les sources du Mississippi, ou les Osages et l'Arkansas et d'autres tribus sur ses rives sud. Souvent aussi, la guerre leur arrivait, et parfois si désespérée que même les femmes indiennes combattaient au corps à corps avec l'ennemi dans les espaces entre les huttes du village.

Mais ces dernières années, de nouveaux dangers étaient apparus. De faibles chuchotements leur parvinrent d'hommes au visage blanc qui apportaient de l'autre côté de la mer des armes qui rugissaient comme le tonnerre et frappaient leurs victimes comme des éclairs. Leurs anciens ennemis, les Iroquois, achetaient ces armes avec des fourrures et faisaient leurs ravages sur les tribus occidentales avec une mortalité toujours plus grande. Ils apprirent alors que les hommes blancs eux-mêmes commençaient à apparaître sur les Grands Lacs, d'abord à l'extrémité est, puis enfin sur les rives du lac Supérieur et du lac Illinois.

Peu à peu, les prêtres en robe noire et les commerçants de fourrures solitaires sortirent des lacs dans les vallées du Wisconsin et de l'Illinois, et même jusqu'au haut Mississippi. *Les coureurs de bois* agités descendaient les rivières en plus grand nombre. Ils installèrent des cabanes et passèrent l'hiver sur les terres que seuls les Indiens connaissaient autrefois. Les prêtres, venus visiter, revinrent pour rester. Les soldats et les explorateurs ont percé les étendues sauvages lointaines. D'étranges canoës sillonnaient les eaux. Le tintement des haches retentit dans les bois et des forts surgirent. Ces nouveaux habitants audacieux apportèrent des haches qui faisaient honte aux vieux gourdins de pierre, des bouilloires telles que les Indiens n'en avaient jamais rêvé, des couteaux au tranchant mortel, des couvertures aux couleurs vives et à la texture fine - et le cœur enfantin de l'Indien fut ravi.

Une nouvelle force était arrivée sur le pays et la fin des temps anciens était proche. Aucun Indien ne s'en est pleinement rendu compte. La nouveauté des mœurs de l'homme blanc et le charme de ses dons raccourcissaient leur vision, et ils vivaient ainsi chacun dans le présent mouvementé. Mais aussi sûrement que le fleuve coulait vers la mer, la Grande Vallée leur échappait. Les vastes étendues de prairies, les lieues de collines et de plaines, les eaux qui coulaient le long de mille collines, la forêt vierge pour leur gibier, la terre vivante pour leur maïs, toute la liberté et la générosité de la plus grande vallée du monde leur avaient été attribuées... une vallée dans laquelle parcourir à volonté, où chasser au fil des saisons, pour laquelle se battre dans la gloire de la bataille entre eux.

Les hommes rouges ne savaient pas que les choses allaient réellement être différentes, car ils n'étaient pas sages en prophétie. Mais ils étaient inquiets et ressentaient certains des dangers du moment ; car comme des enfants, ils craignaient un pouvoir qu'ils ne pouvaient pas comprendre.

Chez les tribus des Illinois, cette vague crainte grandissait puis s'éteignait au cours du cours plus placide de leur vie. Puis des soupçons latents s'emparèrent d'un événement et tout fut de nouveau alarmé. Il en était de même pour les autres tribus, car courage féroce et terreur abjecte alternaient dans l'esprit indien.

Sur les rives de la rivière Fox et au pied du lac de l'Illinois vivait la nation de Miami . Ils étaient parents des tribus des Illinois ainsi que voisins, et leur langue était à peu près la même. La peur des Iroquois, armés d'armes d'hommes blancs, s'était tellement emparée d'eux qu'ils émigrèrent une fois vers le Mississippi. Mais en temps de paix , ils étaient retournés dans leurs anciennes maisons. De temps en temps, des troubles surgissaient entre Miami et l'Illinois, et pendant des années, ils se faisaient la guerre.

L'ambassade secrète de Monso avec ses partisans de Miami a laissé l'Illinois inquiet. Comment les Miamis en savaient-ils autant sur les Iroquois ? Si les Iroquois venaient, les Miamis se joindraient-ils à eux contre les habitants de l'Illinois ? Et que feraient La Salle, Tonty et les hommes du fort ? Les questions et réponses allaient en rond à mesure que le printemps arrivait. Bientôt Chassagoac , leur plus grand chef, serait de retour avec ses chasseurs. Peut-être que sa sagesse pourrait les aider.

Pendant ce temps , ils vaquaient à leurs devoirs et à leurs plaisirs au village. La fin du mois de février 1680 arriva, et le dernier jour du mois, ils virent un grand mouvement, une agitation et des pavanements inhabituels de la part d'Hennepin en robe grise. Finalement, il installa solidement sa silhouette dans un canot chargé de peaux, d'armes, de couteaux et de bouilloires. Il était accompagné du vétéran bûcheron Michael Ako et d'Antoine Auguel , surnommé le Picard par ses camarades parce qu'il venait de Picardie en France. Faisant leurs adieux à ceux qui se trouvaient sur la rive, les trois hommes glissèrent rapidement le long du courant et hors de vue. De quelle nouvelle démarche s'agissait-il ?

Les Indiens se demandaient jusqu'au lendemain quand le village accueillerait favorablement le retour d'un de ses groupes de chasseurs, tout juste arrivé de l'aval de la rivière. Ils avaient croisé Ako et ses camarades au coucher du soleil la veille au soir et avaient tenté de les persuader de revenir. Mais non, ils étaient à destination du pays des Sioux, où Ako avait l'intention de faire le commerce des fourrures et de découvrir le pays ; et l'affable frère se déclara obligé d'entreprendre les grands périls d'une terre inconnue pour prêcher aux Indiens du haut Mississippi. Alors les chasseurs rouges les laissèrent passer, le moine vantard et ses deux compagnons. Les trois hommes ne savaient pas quelles expériences allaient leur arriver avant de revoir les lumières des cabanes des hommes blancs.

Le jour du retour des chasseurs, ceux qui surveillaient le fort virent partir deux autres canots remontant cette fois la rivière. Il s'agissait là d'un événement encore plus important, car dans l'un des bateaux se trouvait la figure de La Salle lui-même. Six Français étaient avec lui, ainsi qu'un guerrier Mohegan qu'ils appelaient le Loup, du nom de son peuple. Les Indiens attendaient avec émerveillement. Le fort était-il déserté ? Pas encore, car le mystérieux Tonty, le bras ballant lourdement le long du corps, se promenait parmi les hommes du fort donnant des ordres en l'absence de son chef.

CHAPITRE X

LA MAIN MYSTÉRIEUSE

Les Indiens du village de Peoria étaient des spectateurs intéressés des événements que jouait la bande de Français. Le Père Membré vivait dans leur village et ils lui accordaient une attention respectueuse. Entre eux, ils parlèrent beaucoup de ses amis blancs entre les murs palissadés du fort. Il n'y avait plus qu'une douzaine d'hommes avec Tonty, et les Indiens les regardaient avec un mélange de curiosité, de mépris et de crainte. Parmi eux se trouvaient des charpentiers de navires et des soldats, dont certains visages étaient marqués de coquinerie et de lâcheté. Si les Peorias ne les avaient pas vus nerveux de peur pendant que Nicanopé leur parlait des terreurs imaginaires du fleuve, et aussi lors d'un conseil public, quoi de plus clair pour marquer le lâche ?

Le vieux frère Ribourde se promenait dans sa robe grise et ses pieds nus en sandales, disant la messe parmi les Français comme Membré parmi les Péorias . L'homme aux bras forts, Le Meilleur, que son camarade appelait La Forge, balançait le marteau sur le fer chauffé au rouge et réparait les outils des Français à la précieuse forge. Au bord de la rivière, Moyse Hillaret , La Roze et les autres constructeurs navals et charpentiers disposèrent et assemblèrent les nervures de l'immense charpente en bois. Parmi ces hommes musclés se trouvaient un jeune garçon musclé de Paris nommé Renault, L'Espérance , un jeune serviteur courageux de La Salle, et Boisrondet , un homme de plus haute naissance que les autres et un ami spécial de Tonty. Mais ce n'était pas de ces hommes que les Péorias parlaient le plus avec les bandes de chasseurs et de guerriers qui revenaient maintenant au village : c'était de La Salle, le chef blanc, qui avait quitté le fort, et de Tonty, l'homme mystérieux, qui est resté responsable de la garnison.

Les Indiens ne pouvaient pas comprendre le curieux commandant du fort. Pourquoi sa peau était-elle plus foncée que celle de ses camarades et ses cheveux si noirs – comme ceux de leurs propres femmes indiennes, mais pas aussi raides ? Mais surtout, ils s'étonnaient de la façon étrange dont il utilisait sa main droite. Ils ont raconté aux Indiens nouvellement arrivés le jour où les hommes blancs sont arrivés au village. Lors de la fête de bienvenue, Tonty avait toujours utilisé sa main gauche pour manger de leur sagamite et de leur viande, et maintenant ils le regardaient passer ici et là parmi ses hommes. S'il tirait un canot sur le rivage ou s'il saisissait un morceau de bois au chantier naval, ce n'était jamais avec sa main droite. Pourtant, on l'avait vu porter des coups avec cette mystérieuse main droite qui faisait l'effet d'une massue de guerre indienne. De quel étrange « médicament » son bras puissant était doté, ils ne pouvaient le dire ; et c'était en partie pour cette raison qu'ils le craignaient. Souvent, au cours des années aventureuses qui suivirent, les guerriers à la peau rouge de nombreuses régions de la Grande Vallée furent surpris et impressionnés par la facilité avec laquelle cet homme pouvait, d'un seul coup de main droite, briser les dents ou briser le crâne d'un indiscipliné. Indien.

Si les Peorias avaient pu regarder vers des pays qu'ils n'avaient jamais vus et lire les événements d'autres époques et d'autres lieux, comme il leur semblait maintenant que La Salle pouvait le faire, ils auraient peut-être trouvé l'explication du mystère. Peu d'années avant l'arrivée des hommes blancs dans le village de Peoria, la petite île de Sicile, au fond de la lointaine Méditerranée, était en proie à une guerre acharnée. Le long de ses côtes, des navires de guerre et des galères à la gueule sinistre, propulsés par les rames des forçats et des captifs, portaient les drapeaux de trois nations : la France, la Hollande et l'Espagne.

Dans l'une des batailles, on aurait pu voir la figure d'Henri de Tonty combattant sous le drapeau de la France. Pendant de nombreuses années, il avait combattu ainsi – quatre campagnes sur des navires de guerre et trois sur des galères – et avait acquis un rang élevé dans le service. Mais il n'était pas d'origine française. Son père était venu à Paris en exil depuis Naples, dans la terre ensoleillée d'Italie, après avoir pris une part importante à la révolte napolitaine de 1647. La Sicile, comme Naples, était depuis longtemps sous la domination détestée de l'Espagne, et maintenant les Siciliens se révoltaient. fait appel aux Français à l'aide. Les Espagnols, aux prises avec des difficultés, font appel à une flotte hollandaise pour les aider. Ainsi la guerre fut menée, tantôt sur mer, tantôt sur terre ; et Tonty, au cœur de la bataille, se réjouissait de lutter pour libérer les hommes du pays de son père du joug espagnol.

Le canon clignotait et rugissait. Les hommes tombaient autour de lui. Une grenade à main, lancée par l'ennemi, éclata à proximité en mille morceaux et arracha la main droite d'Henri de Tonty. Il fut capturé par l'ennemi et retenu prisonnier pendant six mois. Puis il fut libéré en échange du fils du gouverneur. A la place de son membre perdu , il substitua une main de métal qu'il portait enveloppée dans un gant. Mais maintenant la paix s'était installée sur la Méditerranée, et l'inquiétant Tonty rejoignit La Salle et traversa la mer là où la terre était jeune et où l'aventure se trouvait dans chaque vallée fluviale.

Avec le temps, les Indiens apprirent l'histoire de son bras « médecine » ; et dans toute la Grande Vallée, des Lacs jusqu'à l'embouchure du Mississippi, Tonty devint connu des tribus sous le nom de « l'homme à la main de fer ».

CHAPITRE XI

« NOUS SOMMES TOUS DES SAUVAGES »

L'hiver fut long dans la vallée de l'Illinois. La nourriture était rare et la petite bande du fort Crèvecœur avait de nombreux jours de faim. Une fois passé le village de Peoria, un canot se dirigea vers l'aval, et les Indiens y reconnurent deux des hommes qui étaient partis avec La Salle. Le canot était chargé jusqu'au plat-bord de provisions. Où le chef blanc aurait-il pu trouver un tel magasin ? La réponse est venue plus tard de la bouche de Chassagoac lui-même, à son retour de sa chasse hivernale.

Un jour, alors qu'il se promenait dans les bois, Chassagoac avait aperçu la fumée d'un feu de camp. En s'approchant avec deux de ses hommes, il rencontra un étrange homme blanc qui lui présenta une couverture rouge, une bouilloire, des hachettes et des couteaux. Chassagoac apprit bientôt que l'étranger était La Salle, le chef de la compagnie d'hommes blancs installés près du village de Peoria. L'homme blanc connaissait la renommée de Chassagoac , et les deux chefs s'assirent pour une longue conférence, au cours de laquelle La Salle raconta tout ce qui s'était passé au village et expliqua au chef rouge que ses hommes au fort étaient dans un triste état. besoin de nourriture. Si le frère rouge leur fournissait des provisions , il le rembourserait à son retour de l'Est.

Puis, comme le gentil Chassagoac promettait son aide, le chef blanc continua à raconter ses projets. Il parla du fort et du grand navire qui était en construction au bord du fleuve. Il était déjà en route vers l'Est pour faire la paix avec les Iroquois au nom des Illinois, et il reviendrait avec des armes pour leur défense et des marchandises à distribuer entre eux ; et bien d'autres Français reviendraient avec lui pour s'établir dans les villages des Illinois. Il raconta ses projets d'une grande expédition sur la rivière jusqu'à son embouchure, d'où il pourrait établir un commerce plus facile et apporter de l'autre côté de la mer des marchandises de toutes sortes pour les tribus des Illinois.

Chassagoac était profondément intéressé et, d'une main généreuse, il remplit un canot de provisions provenant des caches du village déserté de Kaskaskia, à proximité. Il exhorta l'homme blanc à revenir bientôt et l'assura que tout ce qui avait été dit sur la beauté et la facilité du passage du Mississippi était entièrement vrai. Puis, après des adieux courtois, les deux chefs se séparèrent. La Salle continue sa route vers le haut de la rivière, tandis que deux de ses hommes descendent le ruisseau avec le canot rempli de provisions jusqu'au fort Crèvecœur . Après s'être séparé de La Salle, Chassagoac poursuivit sa chasse jusqu'au jour où il revint au village de son peuple. Ici, son arrivée fut accueillie favorablement par les Indiens, dont les craintes furent peut-être quelque peu apaisées par sa foi inébranlable dans les hommes blancs. Il passa beaucoup de temps avec les frères en robe grise et leur raconta comment il avait rencontré Marquette en robe noire sur les rives lointaines du lac des Illinois et lui avait donné une partie des cerfs qu'il avait tués. En effet, Chassagoac appréciait si bien les enseignements des frères qu'il accepta de suivre leur étrange manitou et se fit baptiser à la manière des Français.

Pendant ce temps, deux autres Français descendirent la rivière en passant devant le village jusqu'au fort, qu'ils atteignirent vers la mi-avril. Immédiatement, il y eut beaucoup d'agitation parmi les Blancs, et bientôt Tonty et quelques-uns de ses hommes remontèrent la rivière en direction du village des Kaskaskias . Les Indiens étaient curieux de ce nouveau mouvement. Quelque temps auparavant, le vétéran Ako , le Picard et le frère Hennepin étaient partis descendre le fleuve, et La Salle avec d'autres hommes avait remonté le fleuve le lendemain. Maintenant, même Tonty partait.

Les Indiens surveillaient de près la poignée d'hommes restés dans les murs palissadés. Noël Le Blanc et Nicolas Laurent, les deux hommes récemment arrivés au fort, étaient venus avec l'ordre de La Salle à Tonty de construire un autre fort dans le haut du village. En l'absence de Tonty, Le Blanc semblait se déplacer comme un esprit inquiet, parlant avec ferveur entre les hommes. Avec le forgeron et les charpentiers du navire en particulier, il semblait tramer un plan en profondeur.

dans le village des Peorias , d'étranges chuchotements et rumeurs se glissaient. Des hommes d'autres villages vinrent leur dire que leurs voisins méfiants, les Miamis , cherchaient une alliance avec les Iroquois détestés. Le fort devait-il être abandonné et les Français devaient-ils s'enfuir par deux ou trois, laissant les Péorias se faire dévorer par les Iroquois ?

Bientôt, ceux qui surveillaient le fort virent un autre groupe commencer. Cette fois, il y avait cinq hommes dans le canot : le père Ribourde , Boisrondet , L'Espérance , et deux autres, Petit-Bled et Boisdardenne . Après leur départ, une étrange agitation s'éleva dans les murs du fort. Les charpentiers des navires couraient çà et là pour piller les cabines : ils arrachaient les portes, pillaient et pillaient de toutes parts. Ils renversèrent même les effets dans les logements des prêtres. Hillaret et le forgeron musclé ont forcé l'ouverture de l'entrepôt et en ont sorti de la poudre, des balles, des armes, des fourrures et des marchandises. De tous les coins de la forteresse, La Roze , Le Blanc et leurs conspirateurs rassemblèrent des objets de valeur. Puis, chargés de fusils, de peaux de castor, de linge fin et de mocassins, ils se dirigèrent vers le bord de la rivière. Un homme, muni d'un instrument tranchant, a gravé sur les poutres blanches et brillantes du navire à moitié construit les mots « Nous sommes » . à nous Sauvages » – « Nous sommes tous des sauvages » – et la date : « Ce 15 A — 1680. » Puis ils disparurent dans les bois, laissant le fort détruit et pillé.

Pendant ce temps, la nuit était tombée sur le vieux frère et ses quatre compagnons en route vers Tonty, au haut du village. Petit-Bled et Boisdardenne , de mèche avec les conspirateurs du fort, se soulevèrent et enfoncèrent les canons de L'Espérance et de Boisrondet , et s'enfuirent avec le canot à la poursuite de leurs camarades, laissant le Récollet et les deux jeunes hommes se frayer un chemin. à pied et sans moyens de défense jusqu'au village des Kaskaskias .

Tonty apprit la nouvelle de la mutinerie avec consternation et colère et se hâta de retourner au fort en ruine. Tout ce qui avait de la valeur semblait avoir été emporté, à l'exception de la forge et de quelques outils et armes trop lourds pour que les déserteurs puissent les emporter dans leur fuite. Avec ce chargement, Tonty, le cœur lourd, retourna au village de Kaskaskia, où les huttes furent à nouveau remplies par les guerriers et les chasseurs de retour. Après avoir envoyé, par deux voies, des messagers pour avertir La Salle de la catastrophe, Tonty se prépare à un nouvel ordre de vie. Le fort et sa garnison ne lui assuraient plus de protection ; mais l'Homme à la main de fer n'était pas un lâche. Avec son fragment de bande , il entra dans le village et demanda aux Kaskaskias s'il pouvait vivre parmi eux. Ils l'accueillirent dans leurs bouilloires et dans leurs cabines, et partageèrent avec lui et ses hommes leur nourriture et leurs robes de buffle. La bande d'une trentaine de personnes, arrivée dans la vallée quelques mois auparavant, était désormais réduite à six : Tonty et son ami Boisrondet , les deux jeunes gens, L'Espérance et Renault le Parisien, et les deux frères, le Père Membré étant venu. du bas du village.

CHAPITRE XII

LA MORT DE CHASSAGOAC

L'été 1680 fut une saison inquiétante, où chaque murmure du vent semblait apporter de mauvaises nouvelles. Des rumeurs persistantes parvenaient dans les Illinois sur une alliance entre les Iroquois et les Miamis . Voyant leurs peurs, l'homme énergique au bras «médecin» commença à enseigner à ses frères rouges les arts de l'homme blanc: il leur montra l'utilisation des armes à feu et leur apprit à se battre comme les hommes blancs combattaient.

Un jour, un coureur arriva au village avec la nouvelle de la mort de La Salle, suivi un peu plus tard par un autre Indien qui confirma la mauvaise nouvelle. L'Illinois voyait le visage de Tonty sombre ; mais ses yeux ne brillaient pas moins de feu et sa démarche ne manquait pas de sa vigueur habituelle, car il était en tout point un chef. Puis, dans le village, une nouvelle rumeur murmura aux Indiens que ce chef au visage sombre et aux cheveux flottants n'était pas du tout Français ; qu'il venait d'un pays bien au-delà de la France dont le peuple n'avait aucune parenté ni allégeance avec le grand roi des Français.

La situation semblait sûrement pire pour l'Illinois chaque jour qui passait. Si les hommes blancs étaient de mèche avec les Iroquois et si leurs parents, les Miamis , s'étaient joints à l'ennemi, eux, leurs femmes et leurs enfants pourraient bien craindre le moment où le cri de guerre des Iroquois peints résonnerait dans la vallée de la rivière. Illinois. Vaincus et accablés, ils seraient dévorés par leurs ennemis. Les tribus des Cinq-Nations ne traitaient-elles pas ainsi leurs captifs ? La consternation monta sur les ailes de la peur. Quel espoir avaient les Illinois contre les tribus de l'Est ?

Depuis leurs longues maisons situées à l'autre bout des Grands Lacs, les célèbres guerriers iroquois avaient semé la désolation parmi une centaine de tribus. Ils avaient conquis et soumis des nations entières. Vers le sud, jusqu'aux Cherokees et aux Catawbas , ils avaient fait des conquêtes faciles. Au nord des Iroquois se trouvaient les Français sur le Saint-Laurent. Depuis que Champlain s'était rangé du côté des Indiens du Canada contre les Iroquois, il y a trois quarts de siècle, les tribus des Cinq-Nations haïssaient les Français. Mais ils n'osèrent pas les attaquer. L'Occident offrait désormais le meilleur terrain pour leurs ravages acharnés. Aux Néerlandais de la Nouvelle-Hollande, et plus tard à leurs successeurs anglais, ils avaient acheté des fusils et des munitions, et ils avaient mis leur cœur cruel à dévaster la vallée de l'Illinois – du moins c'était ce que les tribus de l'Ouest avaient entendu et cru.

Les Illinois avaient déjà combattu les Iroquois. Pourraient-ils recommencer ? Leurs propres guerriers étaient experts en arcs et en flèches, et certains d'entre eux possédaient désormais des fusils ; mais les guerriers iroquois avaient chacun son fusil, et aussi son bouclier pour repousser les faibles flèches des tribus occidentales. Par leurs attaques, d'autres tribus avaient été presque exterminées, et leurs captifs brûlés à feu lent avec des tortures inconcevables. Quelle meilleure chance avaient les Illinois, surtout si les traîtres Miamis rejoignaient l'ennemi et que les hommes blancs se révélaient également être des ennemis ? Alors ils surveillèrent Tonty de près ; mais le chef aux yeux noirs, avec sa forge et ses outils, sa démarche agitée et son allure fière, vivait parmi eux et ne prêtait pas attention à leurs regards inquiets ou méfiants.

L'année semblait vraiment calamiteuse pour les Indiens. C'est en ces jours difficiles que certains Illinois étaient rassemblés dans l'une des loges au long toit, où sur un lit moelleux par la peau de buffle gisait un homme proche de la mort. Autour de lui se tenaient les hommes sur lesquels la nation comptait pour guérir les malades et guérir les blessés, chasser les mauvais esprits et conjurer les bons esprits – les mystérieux guérisseurs. Ils avaient travaillé longtemps avec l'homme qui gisait sur le lit, car il était l'un des principaux chefs des conseils de la nation Illinois.

Chasseur habile, guerrier courageux, le plus grand chef des Illinois, Chassagoac était mourant. Il y a cinq ans , il avait connu le Père Marquette, et voilà peu de temps qu'il avait été baptisé par l'un des frères en robe grise qui appartenaient à la bande de son ami La Salle. Mais à mesure que sa mort approchait, c'est vers son propre peuple qu'il se tourna. Le manitou des Français était si loin, tandis que les guérisseurs de sa tribu étaient si proches. Alors ils se rassemblèrent autour de lui avec leurs danses et leurs incantations ; ils passèrent sur son corps et murmurèrent des paroles étranges ; ils élevaient leurs yeux et leur voix vers les quatre vents des cieux ; et ils agitaient des crécelles dans un vain effort pour apaiser l'esprit qui cherchait à leur ravir leur chef. C'était inutile. Chassagoac avait regardé autour de lui pour la dernière fois. Pendant un moment, le silence régnait dans la loge. Puis un long cri désespéré déchira l'air ; et dehors, parmi les loges, chaque homme, chaque femme et chaque enfant savait que l'esprit du grand Chassagoac avait disparu de lui pour toujours.

CHAPITRE XIII

LES IROQUOIS VENENT

L'étendue de terre plate le long de la rive nord de la rivière Illinois, où se trouvaient les huttes des Kaskaskias , grouillait de centaines de braves indiens impatients de s'enfuir dans les bois et à travers les plaines. Qu'y avait-il de plus stupide que de vivre parmi les huttes avec les femmes et les vieillards, quand les contrées lointaines les appelaient, quand les ruisseaux pouvaient emporter leurs pirogues vers des terres où leurs ennemis dormaient et sans surveillance, quand les sentiers vers le nord, le sud et l'est et L'ouest pourrait-il les conduire dans des bois et des champs où un gibier abondant tomberait sous leurs flèches ? Pourquoi le chef blanc devrait-il faire une objection si sérieuse ? D'autres bandes étaient parties quelques jours auparavant malgré ses protestations.

Personne n'avait vu de signes des Iroquois, et l'alarme si souvent déclenchée commençait à perdre de sa terreur. D'ailleurs, Tonty était-il un si bon prophète après tout ? Il leur avait dit que La Salle reviendrait à la fin du mois de mai, et maintenant que le mois de mai était passé depuis longtemps et que la nouvelle était sûre que La Salle était mort.

Ce n'était pas encore l'automne. De l'autre côté de la rivière, les feuilles des arbres, encore fraîches et vertes, tournaient et ondulaient au gré du vent. Même le bruit de leurs chuchotements disait aux Indiens : « Bientôt nous allons descendre et les gelées arriveront. La chasse, c'est bien. Viens dans les bois. Et ils sont partis.

Septembre ne trouva plus la moitié des guerriers du village ; mais Tonty et ses trois jeunes hommes étaient toujours là. Les deux récollets en robe grise , l'un petit, robuste et jeune, et l'autre qui avait vu les saisons changer aussi souvent que les vieillards du village, se retirèrent dans une cabane au milieu d'un champ, à quelque distance de la ville. La Salle n'était pas revenue ; ni le prêtre au visage rond, qui se pavanait si pompeusement jusqu'au bord de l'eau en février et pagayait avec Ako et le Picard vers le coucher du soleil.

Les Indiens espéraient que Tonty continuerait à rester avec eux. Il avait vécu parmi eux pendant plus de quatre mois, et maintenant cela faisait deux fois plus longtemps qu'il n'était pas entré dans leur vallée. Il les a traités honnêtement et sans crainte, et il leur a enseigné de nombreuses nouvelles façons de faire. Les Illinois étaient des archers dont la renommée s'était répandue tout au long de la vallée du Mississipi ; mais Tonty leur avait montré comment utiliser les canons qui crachaient du feu et laissaient tomber un ennemi pendant que l'arc tendait – les canons qui rendaient les Iroquois si redoutés.

Malgré les privations et le découragement, les désertions et la perte d'amis, Tonty ne donnait aucun signe de découragement. Si seulement les Indiens pouvaient réentendre les paroles rassurantes du regretté Chassagoac et oublier les avertissements de son frère encore méfiant, Nicanopé , ils pourraient apprendre à faire confiance aux Français et à aimer ce leader blanc comme un frère.

Un jour, Tonty était parti en canot pour voir s'il pouvait obtenir à la colonie de Mackinac des nouvelles de son chef que tout le monde disait mort. Les Indiens protestèrent contre son départ, mais en vain. Il n'alla pas loin cependant, car la rivière était alors si basse qu'il courut sur des hauts fonds et fut obligé de retourner au village.

Vers la mi-septembre arrivèrent les pluies espérées, et un jour Tonty et ses hommes sortirent leur canot de l'eau, le retournèrent et commencèrent à renouveler sa couche de gomme, prêt pour une nouvelle épreuve de la rivière. Certains Indiens l'ont observé alors qu'il travaillait avec ses curieux mouvements de gaucher. D'autres étaient trop occupés à recevoir un sympathique Shawnee qui rendait visite au village. Alors que la nuit tombait, le Shawnee partit, se dirigeant vers le sud et l'ouest. Les toits arrondis du village captaient les flèches tirées par le soleil couchant puis s'enfonçaient dans le crépuscule. Sous chaque toit, des Indiens s'étendaient sur des peaux de buffle et se perdaient dans leurs rêves. Les femmes arrangeaient les loges pour la nuit, puis se couchaient à côté de petits papooses bruns dont les yeux ronds étaient depuis longtemps fermés. La nuit tranquille s'installa donc sur le village. Trois fois, les chênes le long de la rivière semaient leurs feuilles aux vents de l'hiver avant qu'une autre nuit aussi paisible ne vienne sur le village et ses habitants.

Le lendemain, les Indiens du village virent les Shawnees revenir en toute hâte, traverser la rivière et se précipiter à pieds joints dans la ville. «Les Iroquois!» » haletait-il devant les chefs excités. À deux lieues au sud-ouest, sur les rives de l' Aramoni , affluent de la rivière Illinois, il avait découvert une armée de cinq ou six cents Iroquois venant attaquer le village. La tourmente s'abat sur les Kaskaskias . Où étaient leurs guerriers ? Plus de la moitié d'entre eux étaient dispersés dans les quatre quarts de la vallée. Il n'en restait plus que quatre ou cinq cents. Et où étaient les armes à feu que Tonty leur avait si soigneusement entraînées à utiliser ? Parti pour la plupart avec les guerriers absents. Il n'en restait que quelques-uns, avec des munitions pour trois ou quatre coups chacun. Le reste des braves n'avait que des arcs , des flèches et des massues de guerre. Tonty avait raison, mais ce n'était pas le moment de se lamenter.

Un groupe de reconnaissance envoyé pour espionner l'ennemi revint bientôt avec une grande excitation. Environ cinq cents Iroquois campaient le long de l' Aramoni . Ils avaient des fusils, des pistolets et des sabres. La plupart d'entre eux avaient des boucliers en bois ou en cuir, et certains portaient des cuirasses en bois. Et avec les Iroquois se trouvaient une centaine de Miamis , armés d'arcs et de flèches. La colère des Illinois s'est accrue avec leur peur. Les Miamis , leurs voisins et leurs parents, devraient être intelligents pour cela par la suite. Mais les espions avaient encore d'autres nouvelles à annoncer. Parmi les personnages mouvants de l' ennemi , ils en avaient vu un, vêtu d'une robe noire et d'un capuchon de jésuite. Des yeux plus calmes auraient vu qu'il ne s'agissait que d'un chef iroquois affublé d'un manteau et d'un chapeau noirs. Mais l'imagination enflammée des éclaireurs voyait un prêtre français ; tandis que dans une autre figure, ils s'assuraient de voir La Salle lui-même.

Si le village avait été en ébullition auparavant, il était désormais en colère. Leurs pires craintes s'étaient alors réalisées : les Français étaient tous des traîtres. Même Tonty les avait trompés et avait ses propres raisons pour tenter de quitter le village avant l'arrivée des Iroquois. Comme des abeilles en colère, les Indiens se sont précipités vers la loge de Tonty. « Or, dit un de leurs chefs, nous vous connaissons pour un ami des Iroquois. Les vents de la rumeur ne nous ont pas menti. Nous sommes perdus, car les ennemis sont trop nombreux pour nous et vous et les Français êtes leurs amis.

Au milieu de la foule furieuse et gesticulante des guerriers, Tonty restait calme. «Je vais vous montrer que je ne suis pas un ami des Iroquois», répondit-il. « S'il le faut, je mourrai avec toi. Mes hommes et moi vous aiderons à mener votre bataille.

Leur colère s'est transformée en joie car ils pensaient qu'avec un tel chef, les bons esprits pourraient encore leur donner la victoire. Il y avait beaucoup à faire avant la bataille. D'une main rapide, ils rassemblèrent une provision de blé ; et quand la nuit tombait, des silhouettes fantomatiques se déplaçaient de long en large en embarquant les femmes et les enfants dans leurs longues pirogues. Chaque canot en bois pouvait en contenir trente ou plus, et il y en avait des centaines pour remplir la petite flotte. Avec une garde de cinquante ou soixante hommes, les bateaux se glissèrent les uns après les autres sur les eaux sombres. Des pagaies silencieuses s'enfonçaient et sortaient tandis que les barques, remplies de provisions et de personnages serrés, descendaient le ruisseau. Ils passèrent la bouche noire de l' Aramoni , et après plusieurs heures arrivèrent à six lieues au-dessous du village. Ici, dans un endroit rendu presque inaccessible par la rivière d'un côté et un marécage de l'autre, ils débarquèrent et installèrent leur campement.

Dans le village de Kaskaskia, il n'y eut pas de repos cette nuit-là. Les jeunes braves se préparaient pour la bataille du lendemain. Près de longues rangées de feux de camp, des bouilloires étaient suspendues. Les chiens étaient tués et cuisinés, car l'occasion méritait une si grande cérémonie. Tour à tour, ils festoyaient et dansaient à la lumière vacillante des feux, danses étranges, ponctuées de hurlements et de huées. Les flammes des feux de camp projettent les ombres des danseurs à travers l'espace ouvert et contre les murs des lodges comme des esprits fantomatiques en constante évolution ; et dans l'air de la nuit s'élevaient des chants, rythmés et étranges. Tout au long de la nuit, les Indiens maintinrent leurs rites pour se préparer à l'attaque contre les Iroquois - un combat contre toute attente dans lequel ils avaient besoin de l'aide de chaque manitou ou esprit qui pouvait les aider.

Peu à peu, les incendies s'éteignent tandis qu'à l'est, une faible lumière commence à se propager. Le jour est enfin arrivé, le jour que les Illinois redoutent depuis des années. Ils se rassemblent avec des peintures de guerre fraîches et des armes prêtes – des arcs et des flèches, des massues à tête lourde ou des casse-crânes, et les quelques fusils qui restent. Tonty est là avec deux de ses hommes. L'Espérance doit rester au village pour garder les papiers de La Salle ; et les deux frères, ignorant l'agitation, sont à une lieue de leur retraite dans les champs.

Ensemble, les guerriers se rassemblent sur la rive du fleuve, Tonty, Boisrondet et Renault en tête, tandis que les Indiens nus et peints hurlent et crient autour d'eux. Leurs pirogues traversent le ruisseau en un tour de main. À travers la bande de chênes, par-dessus la colline et à travers la prairie ouverte, les guerriers, blancs et rouges, se lancent dans le conflit. Ils s'approchent des rangs des Iroquois, mais s'arrêtent en rase campagne, en vue de l'ennemi.

Tonty fera un dernier effort pour retrouver la paix et reçoit un collier wampum en guise d'offrande de trêve. Remettant son arme à un ami, il traverse l'espace intermédiaire occupé par un seul Illinois. Les Indiens le surveillent de près alors qu'il s'approche de l'ennemi. Il y a une volée vive et mortelle des Iroquois. Tonty s'arrête, et renvoyant l'Indien qui l'accompagne, continue seul. La flèche et la balle volent autour de lui, mais il atteint les lignes indemnes. Les guerriers iroquois l'avalent aux yeux des Illinois anxieux. Seul l'Indien qui a parcouru avec lui la moitié de l'espace ouvert voit le couteau d'un Iroquois jaillir et s'enfoncer dans le flanc du chef blanc. Ensuite, le chiffre stupéfiant disparaît même à sa vue. Un instant plus tard, son chapeau est relevé au bout d'un fusil, bien au-dessus de la tête de l'ennemi.

Avec un cri de rage, toutes les forces de l'Illinois se lancent à nouveau à la charge, furieuses de venger une telle trahison. Les jeunes Boisrondet et Renault sont en tête, les cheveux flottants dans leur vitesse, les visages figés pleins d'envie de combat et de vengeance. Les silhouettes tordues et hurlantes de cinq cents Indiens se précipitent sur les rangs ennemis. Puis, comme des démons, ils se battent. Le bruit des canons iroquois est comme le craquement des brindilles dans la forêt pour le courage retrouvé des Illinois. Leurs cris de guerre s'élèvent au-dessus d'elle, aigus et stridents. Les flèches rapides volent comme une grêle. De lourdes massues de guerre s'écrasent sur le bouclier iroquois ou sur la tête et le corps peints. Même les Iroquois tant vantés ne peuvent pas leur tenir tête. Leur côté gauche s'affaiblit, puis cède, et rend pendant une demi-lieue à travers le pré.

Puis monte le cri soudain que Tonty est vivant. Sortant de la foule des ennemis en combat, il leur fait signe de tenir. Peu à peu, le vacarme et le tumulte cessent. Les Illinois se retirent et comptent leurs pertes. Tonty les atteint, affaibli par la perte de sang due à une blessure béante au côté, mais il porte à la main une offrande de paix wampum des Iroquois.

CHAPITRE XIV

LA DISPERSION DES TRIBUS

Tout au long du combat, la vie de Tonty ne tenait qu'à un fil. Un Onondaga impétueux l'avait poignardé au côté, mais heureusement le couteau avait jailli d'une côte. Un autre Indien le saisit par les cheveux ; et un troisième leva son chapeau sur un fusil. Puis l'un des chefs l'a reconnu comme étant un homme blanc et est intervenu. Il fut transporté au milieu du camp, où les chefs se rassemblèrent autour de lui et entendirent son appel à la paix. Les Illinois, dit Tonty, étaient tout autant les amis du gouverneur du Canada que les Iroquois. Pourquoi les Iroquois leur feraient-ils la guerre ?

Ce furent des pourparlers agités. Derrière Tonty se tenait un guerrier indien avec un couteau prêt ; et de temps en temps, pendant qu'ils parlaient , il enroulait ses doigts dans les cheveux de l'homme blanc et relevait ses mèches noires comme pour le scalper. En dehors du cercle, le combat continue. Puis vint la nouvelle que des hommes Iroquois étaient tués et blessés et que le côté gauche cédait. Consternés, les chefs demandèrent à leur captif blanc combien d'hommes étaient présents dans le combat. Tonty, voyant une occasion d'empêcher les hostilités, répondit qu'il y avait douze cents Illinois et que cinquante Français combattaient avec eux. Pris de consternation devant ces chiffres, les chefs s'empressèrent de faire cadeau de wampum à Tonty et de le supplier de faire la paix pour les Iroquois.

Les Illinois avec leur chef blanc blessé et ses deux hommes revinrent au village. A une lieue de chez eux, ils rencontrèrent le Père Membré qui courait à leur rencontre. Le bruit des armes à feu l'avait fait sortir de sa cabane dans les champs à l'arrière de la ville. Ils traversèrent la rivière ensemble et Tonty fut assez heureux de s'allonger dans l'une des loges et de laisser le prêtre et les jeunes gens soigner sa blessure.

A peine les Illinois avaient-ils atteint leurs loges qu'en regardant en arrière ils aperçurent de petits groupes d'Iroquois de l'autre côté de la rivière. Quelques-uns d'entre eux trouvèrent bientôt le moyen de traverser, et ils rôdèrent près du village sous prétexte de chercher de la nourriture. Mais les Illinois, qui n'étaient pas des enfants dans l'art de la guerre avec les Indiens, connaissaient bien les voies des perfides Iroquois, et ils observaient ces bandes dispersées avec un sombre pressentiment.

Par une magnifique sortie, les Illinois avaient intimidé leur ennemi, et l'exagération de Tonty sur leur nombre avait complété l'impression de leur puissance dans l'esprit des Iroquois. Mais les Illinois savaient bien qu'ils n'étaient pas à la hauteur des Iroquois avec leur abondance d'armes et de munitions et de leurs alliés, les Miamis . Tôt ou tard, les Iroquois connaîtraient le véritable nombre de villageois. Ensuite, les féroces guerriers des Cinq Nations les harcelaient jusqu'à ce qu'ils trouvent une opportunité de les écraser. Massacres, tortures et incendies pourraient être leur seule fin possible s'ils restaient au village. Après la mort de leurs guerriers, qu'en est-il des femmes et des enfants qui attendent anxieusement dans le refuge isolé en aval de la rivière ?

Tonty et ses hommes étaient probablement en sécurité, car les Iroquois avaient trop peur des Français au Canada pour leur faire du mal sans grande provocation. Mais les Illinois n'étaient pas en sécurité. Ils désertèrent donc leur village, prirent leurs pirogues et descendirent en aval rejoindre leurs femmes et leurs vieillards.

Dans leur cœur, les Indiens voyaient la sagesse de la fuite, car ils savaient ce qui s'était passé dans le passé. Ils n'oublièrent pas le sort des autres nations que les Iroquois avaient pratiquement exterminées. L'invasion du pays des Illinois aurait-elle une autre fin ? Pourtant, c'est avec un cœur lourd et réticent qu'ils abandonnèrent leur loge à l'ennemi détesté ; et des bandes de guerriers remontèrent la rivière pour jeter un nouveau regard sur leur ancienne demeure. Apparaissant sur les collines, à une courte distance derrière le village, ils contemplèrent les huttes en ruine qui avaient été incendiées par les Iroquois, qui avaient empilé du bois et des poteaux à moitié brûlés pour former un fort grossier. Dans un pavillon à quelque distance de là, Tonty souffrait toujours de sa blessure et était soigné par ses cinq hommes.

De plus en plus d'Illinois se rassemblèrent sur la colline, jusqu'à ce que la rangée de guerriers alarme les Iroquois, qui croyaient toujours que douze cents Illinois hantaient leurs arrières. Les Illinois continuèrent leur surveillance de jour en jour et virent bientôt deux hommes quitter la ville et gravir la colline vers eux. Ils distinguèrent bientôt le swing particulier de leur ami Tonty. Avec lui se trouvait un Indien iroquois. Ils l'ont accueilli avec joie et ont écouté son message. Les Iroquois voulaient conclure un traité de paix et avaient envoyé un de leurs hommes en otage.

Les Illinois renvoyèrent à leur tour avec Tonty un de leurs jeunes hommes, et les négociations furent bientôt commencées. Mais le pacificateur avait été mal choisi, car le jeune Indien, avide d'un traité de paix, promit tout et révéla finalement aux Iroquois le véritable nombre des guerriers Illinois. Les Iroquois parlèrent peu au messager de l'Illinois, mais le renvoyèrent cette nuit-là vers son peuple pour dire aux chefs de venir le lendemain à une demi-lieue du fort et de conclure la paix. Puis ils se tournèrent contre Tonty avec colère et reproches de les avoir trompés.

Le lendemain, à midi, les Illinois et les Iroquois se rencontrèrent non loin du village. Les Iroquois, cachant leurs véritables plans, firent des cadeaux à leurs derniers adversaires et s'engagèrent dans une paix ferme et durable.

Mais Tonty, qui ne s'est pas trompé, réussit à envoyer le Père Membré dans les Illinois pour leur dire que la paix n'était qu'un semblant, que les Iroquois fabriquaient des canots d'écorce d'orme, et que si les Illinois ne s'enfuyaient pas tout de suite, ils seraient suivis et toute leur tribu massacrée.

La nuit, les Iroquois appelèrent Tonty et le père Membré dans le fort grossier et, après avoir fait asseoir le chef blanc, ils lui déposèrent des cadeaux consistant en six paquets de précieuses peaux de castor. Par les deux premiers cadeaux, les Iroquois voulaient informer le gouverneur Frontenac qu'ils ne mangeraient pas ses enfants et qu'il ne devait pas être en colère contre ce qu'ils avaient fait. Le troisième paquet de peaux devait servir de pansement pour la blessure de l'homme blanc. Le quatrième représentait l'huile à frictionner sur les membres des hommes blancs en raison des longs voyages qu'ils avaient effectués. Avec le cinquième, ils dirent à Tonty combien le soleil brillait ; et au sixième on dit qu'il en profiterait et retournerait le lendemain aux colonies françaises.

« Quand vas-tu quitter le pays de l'Illinois ? » demanda l'intrépide homme blanc.

« Pas avant d'avoir mangé ces Illinois », répondirent les chefs en colère.

D'un mouvement rapide du pied, Tonty lui arracha les peaux de castor, une offense impardonnable parmi les Indiens. Des regards furieux et des gesticulations de la part des Indiens saluèrent cet acte, mais ils hésitèrent à mettre la main sur Tonty car il était un ami de Frontenac, le puissant gouverneur de la Nouvelle-France. Peut-être aussi comprenaient-ils, mieux encore que les Illinois, la puissance de sa lourde main droite, car il avait vécu au pays des Iroquois avant de s'aventurer dans ces contrées sauvages de l'Ouest.

Sans se retenir, ils chassèrent les deux hommes du fort. Tonty et le frère retournèrent auprès de leurs camarades à leur loge. Leur présence dans le camp iroquois n'était plus utile aux Illinois ni sans danger pour eux-mêmes. Ne s'attendant guère à voir l'aube, ils passèrent la nuit en garde, résolus à vendre leur vie le plus cher possible. Mais ils ne furent pas inquiétés et, le jour venu , ils s'embarquèrent pour les colonies lointaines. Ils furent les derniers hommes blancs à quitter la vallée de l'Illinois où régnaient carnage et malheur.

Le voyage de Tonty et de ses compagnons fut difficile et la calamité les rencontra très tôt en chemin. Après environ cinq heures de navigation, ils s'arrêtèrent pour réparer leur canot. Le vieux frère Ribourde s'en alla prier dans les bois à peu de distance, et fut attaqué et assassiné par une bande errante de Kickapoos. Après l'avoir recherché en vain, le reste de son groupe a continué. Par de courts voyages, ils atteignirent le lac des Illinois et tournèrent vers le nord. L'hiver les rattrapa ; leur nourriture était épuisée ; et ils se mirent à manger des glands et à arracher des racines sous la neige. Lorsque leurs mocassins furent usés, car la plupart de leurs voyages se faisaient désormais par voie terrestre, ils se fabriquèrent des chaussures avec un manteau que le frère assassiné avait laissé derrière lui. Les semaines passèrent tandis qu'ils avançaient. Ils arrivaient de temps en temps dans des camps indiens déserts et, désespérés de faim, ils essayaient de manger les lanières de cuir qui liaient ensemble les poteaux des loges indiennes. Ils mâchèrent même le cuir brut d'un vieux bouclier indien qu'ils avaient trouvé. Tonty était presque constamment malade, avait de la fièvre et pouvait à peine marcher. Ce n'est qu'en décembre que le groupe de cinq hommes atteignit Green Bay, où ils furent enfin chaleureusement accueillis par les Indiens et quelques Français dans un village de Pottawattomie .

De retour dans la vallée de l'Illinois, après le départ du petit groupe de Français du village, toute prétention de paix fut abandonnée et la fureur des Iroquois se déchaîna. Les Illinois étaient partis, ne leur laissant qu'un village désert sur lequel ils exercèrent leur vengeance. Après avoir détruit les huttes par le feu, ils déterrèrent les caches de maïs, brûlèrent et dispersèrent le contenu. Puis ils se dirigèrent vers le cimetière du village et arrachèrent des échafaudages les corps qui y étaient restés quelque temps avant l'enterrement. Des tombes du village , ils déterrèrent les parents des habitants défunts, enterrés depuis longtemps, et éparpillèrent les ossements dans toutes les directions. Par pure méchanceté, ils ont pillé cet endroit le plus sacré de la ville indienne. Aux poteaux à moitié brûlés des huttes , ils accrochaient des crânes que les corbeaux pouvaient picorer. Ensuite, ils ont suivi les Illinois en fuite sur la rivière.

Les Illinois se rassemblèrent à nouveau à l'endroit où leurs femmes et leurs enfants s'étaient réfugiés. C'était un bout de terre long et étroit sur la rive nord de la rivière. Entre lui et la terre ferme se trouvait un marécage épais et boueux à travers lequel on ne trouvait qu'un chemin de quatre pieds de terre ferme. Sur cette demi-île, longue d'une demi-lieue et large de quinze ou vingt pas, les femmes avaient bâti des loges provisoires. On ne pouvait attaquer que du côté de l'eau, et c'est là qu'ils entassèrent leurs pirogues en forme de mur.

Les Iroquois, les suivant de près, campèrent sur la rive, juste de l'autre côté de la rivière, où plus d'une centaine de huttes furent bientôt érigées. Sur l'écorce des arbres voisins, ils gravèrent l'histoire sauvage du raid et tracèrent des images grossières des chefs et du nombre de guerriers que chaque chef conduisait. Cinq cent quatre-vingt-deux braves ont ainsi été recensés. Sur un arbre était tracé un diagramme montrant les scalps des Illinois qui avaient été tués et le nombre de captifs qui avaient été faits ; tandis que dans leurs propres archives, les guerriers figuraient des personnages transpercés par balle ou blessés par des flèches.

Les Illinois, terrifiés par la poursuite de leur ennemi, traversèrent l'étroit chemin menant au continent et se mirent en route vers l'aval. La nuit, ils campèrent de nouveau au bord de la rivière ; et bientôt les feux du camp iroquois jaillirent de l'autre rive. Encore une journée de marche, et de nouveau deux camps apparurent la nuit sur les rives opposées. Les Iroquois, qui n'osaient pas encore attaquer, s'accrochaient aux flancs de l'Illinois comme une meute de loups lâches.

Les Illinois voyageaient lentement, car ils étaient grandement gênés par les femmes, les enfants et les vieillards, et il fallait rassembler de la nourriture en chemin. Mais les Iroquois suivirent tout aussi lentement et délibérément. Parfois, ils essayaient de prendre les Illinois au dépourvu en leur offrant la paix ; mais les Illinois se méfiaient. Les deux armées, marchant côte à côte avec seulement la rivière entre elles, passèrent le lac Peoria, et les hommes du village de Peoria traversèrent et rejoignirent leurs frères. Lorsque les Iroquois arrivèrent aux ruines désertes du fort Crèvecœur en contrebas du village, ils s'arrêtèrent le temps d'arracher les clous des poutres de la charpente du bateau au bord de l'eau.

Jour après jour, les Illinois et les Iroquois marchaient le long de la rivière. Nuit après nuit, les feux de camp se faisaient face au-delà des eaux. En chemin, les Illinois avaient rassemblé plusieurs de leurs tribus. Les Peorias , les Cahokias , les Moingwenas , les Tamaroas et plusieurs tribus mineures avaient rejoint l'armée en mouvement comme les parties d'une boule de neige qui roule. Si seulement ils étaient armés de fusils et libres de leurs femmes et de leurs enfants, ils pourraient porter un coup dont les Iroquois se souviendront longtemps. Mais des conseils plus sages ont empêché une telle démarche.

Il devenait de plus en plus difficile de trouver de la nourriture pour tant de personnes ; et à mesure qu'ils approchaient du fleuve Mississippi, ils avaient envie de se séparer et de quitter chaque tribu vers son propre terrain de chasse. Ils tinrent des pourparlers avec l'ennemi de l'autre côté du fleuve et une trêve fut déclarée. Puis les tribus des Illinois se séparèrent. Les Moingwenas et plusieurs des plus petites tribus descendirent le Mississippi ; les Péorias passèrent du côté ouest ; tandis que les Kaskaskias et les Cahokias préféraient remonter la rivière vers le pays des Sioux. Mais les Tamaroas , les plus malchanceux de tous, s'attardèrent près de l'embouchure de la rivière Illinois. C'était l'occasion que les Iroquois attendaient, car leur politique de longue date était de « diviser pour régner ». Tel avait été leur plan lorsqu'ils arrivèrent dans la vallée, séparant les Miamis des Illinois et tombant sur ces derniers.

Dès que les autres tribus furent écartées, les Iroquois attaquèrent les Tamaroas . Cette faible tribu s'enfuit terrorisée. Certains hommes s'enfuirent tandis que les autres furent massacrés. Au bord de l'Illinois, non loin de son embouchure, se trouvait une prairie ouverte ; et ici se déroulaient des scènes telles que celles qui avaient longtemps fait détester et craindre les Iroquois. Les captifs furent soumis à d'horribles tourments : certains furent rôtis à mort, d'autres écorchés vifs. Les nerfs et les tendons de certains furent arrachés ; et lorsque leurs tortures avaient fait leur œuvre, les têtes et même les corps entiers des femmes et des enfants étaient placés sur des perches verticales et sur des pieux enfoncés dans le sol.

CHAPITRE XV

UNE FÊTE DE GUERRE SIOUX

Un peu plus de sept mois avant que les Iroquois ne chassassent les tribus Illinois de leur vallée fluviale, une bande de Tamaroas pagayait dans des pirogues en bois sur la rivière Illinois, non loin de l'endroit où se produisit plus tard le massacre de tant de leurs tribus. Nous étions au début du mois de mars et, sur tout le territoire, des groupes d'Indiens de toutes tribus erraient encore pour leur chasse hivernale. Qu'ils rencontrent d'autres vagabonds le long des ruisseaux et des sentiers n'était donc pas surprenant. Ce jour-là, ils tombèrent par hasard sur un seul canot qui descendait la rivière. Ce n'était pas une des pirogues en bois si communes parmi leurs tribus, mais un petit canot d'écorce de bouleau, et à bord se trouvaient trois hommes blancs. Deux d'entre eux étaient barbus et brunis par le vent et les intempéries ; tandis que le troisième avait un visage lisse et une silhouette large, et était vêtu d'une longue robe grise.

Les Tamaroas avaient vu peu d'hommes blancs, mais comme la plupart des tribus de la haute vallée du Mississippi, ils avaient entendu parler du fort français près du village de leur tribu frère, les Peorias ; et ils désiraient vivement que les Blancs s'installent près de leur propre ville et leur apportent des cadeaux sous forme d'armes de fer et de pièces de tissu aux couleurs vives. Alors maintenant, ils arrêtèrent le canoë et supplièrent les trois hommes de rentrer chez eux et de rendre visite au village de leur tribu sur la rive ouest du Mississippi, un peu en aval de l'embouchure de l'Illinois.

L'un des voyageurs barbus, Michael Ako , répondit avec une excuse, le grand frère gris hochant pompeusement la tête alors que le canoë glissait vers l'aval. Bien que le temps de leurs pourparlers ait été bref, les Indiens avaient remarqué que le canot des Blancs était chargé non seulement de provisions, mais de fourrures et de marchandises, et, par-dessus tout, de fusils, de poudre et de balles. Ils ne descendaient pas le Mississippi jusqu'au village des Tamaroas et de leurs voisins du sud, mais remontaient le Grand Fleuve jusqu'au pays des Sioux, leurs ennemis.

Rapidement, les Tamaroas décidèrent que les guerriers Sioux ne devraient jamais mettre la main sur les armes des hommes blancs. Déjà, armés seulement de flèches et de massues, ils constituaient un ennemi qui ne méritait aucune estime. Aussi innombrables que les arbres dans les bois et assez rapides dans leurs canots d'écorce pour devancer de loin les maladroites pirogues de l'Illinois, que ne pourraient pas faire les braves du Nord avec des fusils ? Il y avait encore une chance d'éviter une telle catastrophe.

Les Tamaroas ne pouvaient pas rattraper sur l'eau les hommes blancs qui pagayaient rapidement. Ils l'ont essayé et les hommes dans le canoë se sont contentés de se moquer d'eux. Mais il y avait en aval un endroit rapidement accessible à pied et bien aménagé pour une embuscade. La flotte des jeunes braves Tamaroas s'élança à travers le pays et fut bientôt à l'affût sur une pointe étroite s'avançant dans la rivière. Malheureusement, cependant, pour les plans des Tamaroas , ils ne firent pas assez attention à leur feu de camp, et les hommes blancs, voyant la fumée, se faufilèrent tranquillement près de la rive opposée. Et ainsi le petit canot d'écorce continua sa route jusqu'à l'embouchure de la rivière Illinois ; et avant la fin du mois, ses occupants, le frère Hennepin et ses deux compagnons, étaient en bonne voie de remonter le Mississippi.

Pendant qu'ils poussaient péniblement leur barque à contre-courant de cet étrange nouveau ruisseau, il y avait une grande agitation dans les villages Sioux vers lesquels ils se dirigeaient. Des groupes d'Indiens s'étaient rassemblés pour la danse de guerre, et des sauvages peints, déshabillés et prêts pour la bataille, quittaient les villes des Sioux pour le sud. Ils atteignirent bientôt les eaux du grand fleuve, non loin des chutes de Saint-Antoine, et de ce point trente-trois canots d'écorce, pilotés par plus d'une centaine d'hommes, descendirent rapidement vers le courant. Les Sioux étaient engagés dans une guerre contre les Miamis et les Illinois ; et amer du désir de vengeance était leur chef, le vieux chef Aquipaguetin , car il n'y avait pas longtemps que les Miamis avaient tué un de ses fils.

Ils n'avaient pas voyagé depuis longtemps lorsque, au début d'un après-midi d'avril, Aquipaguetin et ses guerriers Sioux, survolant rapidement les eaux, aperçurent devant eux sur la rive trois hommes étranges. L'un d'eux, au corps long et à la robe longue, était occupé à gommer un canot d'écorce qui gisait sur le rivage. Les deux autres hommes étaient occupés à faire bouillir de la viande dans une bouilloire au-dessus d'un feu de camp. Les trois hommes levèrent les yeux et virent l'essaim d'Indiens s'abattre sur eux. En toute hâte, ils jetèrent la volaille qu'ils préparaient, jetèrent le canot à l'eau, sautèrent à leur place et commencèrent à pagayer en amont à la rencontre des braves Sioux.

C'était déjà l'aventure pour les Sioux avides. Les jeunes braves retirèrent leurs arcs et les flèches filèrent dans les airs. Tandis qu'ils étaient encore à une certaine distance, ils entendirent les hommes qui les appelaient avec des paroles dans une langue étrangère. Enfin les vieillards , ayant aperçu le calumet de la paix dressé, retinrent les jeunes braves avec leurs armes trop impétueuses.

En quelques instants, les Sioux atteignirent le canot des hommes blancs. Certains Indiens sautèrent à l'eau, d'autres à terre, encerclant complètement les trois étrangers. Bientôt, les canots arrivèrent tous à terre, et Aquipaguetin et ses collègues chefs firent asseoir les prisonniers sur des peaux au bord de la rivière. C'étaient des Français – deux commerçants barbus et un grand moine en robe grise – et autour d'eux, les Indiens étaient assis en cercle. Il est vrai que les Sioux s'étaient emparés du calumet de la paix ; mais ils ne voulaient pas le fumer, car ils n'étaient pas encore prêts pour la paix. Michael Ako a compris l'importance de cette conduite et a été troublé.

D'ordinaire, le père Hennepin aurait pu être heureux d'omettre la cérémonie du tabac, car depuis son enfance il détestait la fumée du tabac. En tant que jeune frère récollet , il avait été envoyé de nombreuses années auparavant dans la ville côtière de Calais, où il entendait les histoires de marins qui revenaient tout juste des mers. En effet, son désir d'entendre des récits de voyages et d'audaces était si vif qu'il se cachait derrière les portes des tavernes, où les marins venaient fumer et boire, écoutant (malgré l'odeur de tabac qui le rendait malade) les récits de leurs voyages. Mais maintenant, si désagréable que soit la fumée du tabac, il aurait sans doute volontiers puisé profondément sur le calumet de la paix, s'il avait pu voir ces Sioux porter le calumet à leurs lèvres et bannir ainsi la peur d'un tomahawk toujours prêt.

« Les Miami ! Les Miami ! Où sont-elles?" s'écria le Sioux avec des mots que même Ako , l'homme qui connaissait les langues indiennes, ne comprit pas au début. Enfin, il en comprit le sens ; et avec une pagaie, il dessina sur le sable un diagramme pour montrer que les Miamis s'étaient déplacés vers le pays des Illinois et étaient hors de portée des guerriers Sioux. C'était une amère nouvelle pour le parti de la guerre. Trois ou quatre vieillards posèrent les mains sur la tête des hommes blancs et éclatèrent en pleurs et en lamentations. Alors, poussant de grands cris, ils sautèrent dans leurs canots, forcèrent leurs captifs à prendre leurs pagaies et traversèrent la rivière vers un autre débarcadère. Ici, ils tinrent conseil sur ce qu'ils devaient faire des prisonniers.

Le groupe Sioux décida d'abandonner son expédition contre les Miamis , mais Aquipaguetin, déçu, semblait déterminé à tuer les Blancs. Deux des chefs allèrent avertir les captifs par des signes qu'ils allaient être tomahawkés. Les hommes blancs répondirent en entassant des haches, des couteaux et du tabac aux pieds du rusé chef des Indiens, et, satisfaits de la rançon, il ne dit plus rien pendant un moment de massacre.

Cette nuit-là, les Indiens rendirent aux Blancs leur calumet, encore non fumé. Les captifs partageaient les heures en trois quarts de peur d'être massacrés dans leur sommeil. Hennepin était résolu à se laisser tuer sans résistance, tout cela pour la gloire de sa foi ; mais Ako et le Picard dormaient les armes près des mains.

CHAPITRE XVI

LE PAYS DES SIOUX

Le matin venu, Narrhetoba , l'un des chefs des Sioux, se présenta devant les hommes blancs, leur demanda leur calumet, le remplit de son propre tabac et le fuma en leur présence. Il fut désormais leur ami, malgré les ruses du vieux chef Aquipaguetin . Ce jour-là, le groupe des trois captifs blancs remonta le courant vers la maison des Sioux.

Chaque jour, à l'aube, un vieil homme réveillait les braves avec un cri, et avant de commencer la journée de canotage, ils parcouraient le quartier à la recherche d'ennemis. Ils restèrent en route pendant près de trois semaines avant d'approcher des chutes Saint-Antoine. À maintes reprises, le vieux chef, pleurant la mort non vengée de son fils, menaçait de tuer les Blancs ; puis, avec ses doigts avides, il rassemblait les cadeaux avec lesquels il leur faisait acheter leur vie. Emportant constamment avec lui les os d'un ami décédé, enveloppés dans des peaux décorées de piquants de porc-épic, il déposait souvent ce paquet devant les captifs et exigeait qu'ils couvrent les os de cadeaux en l'honneur des morts.

Pendant leur voyage, le vieux chef se mettait parfois en colère et jurait de détruire les trois étrangers. Mais dans de telles occasions , il était retenu par les autres chefs, qui se rendaient compte que s'ils tuaient ces hommes blancs, plus aucun commerçant ne viendrait au pays Sioux avec des marchandises et des armes à feu, qu'ils appelaient « le fer possédé par un mauvais esprit ». »

Les Sioux observaient les manières curieuses de frère Hennepin, et quand ils le virent regarder un livre ouvert et remuer ses lèvres en murmurant des mots, ils furent presque sur le point de le tuer, car c'était sûrement un sorcier conversant à voix basse avec un maléfique. esprit qui pourrait être persuadé à tout moment de tous les tuer. Ako et le Picard, voyant l'effet des dévotions du frère, le pressèrent de renoncer à ces pratiques dangereuses. Mais l'entêté Hennepin, au lieu de marmonner ses saints offices, se mit maintenant à chanter des extraits du livre d'une voix forte et joyeuse, au grand soulagement des Indiens qui craignaient bien moins cela que les murmures murmurés.

Enfin , ils quittèrent la rivière non loin des chutes Saint-Antoine et se précipitèrent vers le nord, vers les villages situés dans la région du large Mille Lac, les Sioux aux longs membres parcourant le sol à grande vitesse. Ils pataugèrent dans des ruisseaux recouverts d'une couche de glace provenant du gel de la nuit précédente. Ni Ako ni les Picard ne savaient nager et ils passaient donc souvent sur le dos des Sioux. Hennepin n'était pas fait pour la vitesse, et les Indiens, impatients de sa lente progression, mirent le feu à la prairie derrière lui puis, lui prenant les mains, précipitèrent l'homme de prière effrayé devant les flammes léchantes. Lorsqu'ils arrivèrent au premier village, le groupe de guerre se sépara finalement, chaque Sioux se dirigeant vers sa propre ville natale.

Le pauvre Picard, incapable de cacher ses craintes grandissantes, avait suscité le mépris rapide des Sioux, qui s'emparèrent de lui sans aucune douceur, car ils voyaient en lui un lâche qui ne méritait pas le respect qu'ils accordaient volontiers à son plus sévère ami Ako . Il devrait être traité comme un captif indien ordinaire. Alors ils lui peignirent la tête et le visage de différentes couleurs, lui attachèrent une touffe de plumes dans les cheveux, lui mirent dans la main une gourde remplie de petites pierres rondes et le firent chanter en secouant son hochet en l'air pour garder le rythme de la musique.

Pourtant, comme les tribus de la vallée de l'Illinois, les Sioux étaient un peuple hospitalier. Ils nourrissaient les hommes blancs avec du poisson et du riz sauvage, assaisonnés de myrtilles et servis sur des plats à base d'écorce de bouleau. Ensuite, ils se partagèrent entre eux les approvisionnements qui restaient encore entre les mains des hommes blancs. D'ailleurs, trois chefs, habitant autant de villages, adoptèrent les trois prisonniers et les emmenèrent chez eux. Peut-être qu'Ako n'était pas fâché de se séparer du frère, car les manières vantardises d'Hennepin avaient mis sa patience à rude épreuve.

C'est le vieux chef Aquipaguetin qui adopta Hennepin dans sa propre famille pour remplacer le fils qu'il avait perdu. Il donna au frère une grande robe composée de dix peaux de castor, ornée de piquants de porc-épic, et ordonna à ses demi-douzaine d'épouses indiennes de le traiter comme le fils d'un chef. Et voyant combien Hennepin était fatigué après le long voyage, le chef ordonna qu'on lui prépare un bain de sueur.

Une serre à sudation a été aménagée avec des peaux de buffle. Par une petite ouverture fermée derrière eux, Hennepin et quatre braves entrèrent, nus jusqu'à la peau. Au milieu de cette maison, on avait placé des pierres chauffées au rouge, et celles-ci, maintenant arrosées d'eau, dégageaient des nuages de vapeur. Tandis que la sueur coulait des corps des hommes, les quatre Indiens posèrent les mains sur le frère et le frottèrent vivement ; et quand il fut sur le point de s'évanouir de faiblesse, il fut transporté hors de la sudation et recouvert de sa robe. Trois fois par semaine, le frère recevait ce bain de sueur, qui, disait-il, le rendait aussi bien que jamais.

Hennepin et bon nombre de ses biens étaient un mystère pour les Indiens Sioux. Son crâne et son visage rasés suscitaient leur admiration et ils le mirent donc au travail pour raser la tête des jeunes garçons. Il saignait également les malades, et les étranges médicaments qu'il transportait avec lui étaient d'une grande utilité parmi les Sioux malades. Il avait apporté avec lui un pot en fer à trois pieds moulés en forme de pattes de lion. Les Sioux n'osaient y toucher, à moins d'envelopper d'abord leurs mains dans une peau de buffle ou de cerf. N'osant pas le garder dans les tipis ou les lodges, les femmes, le cœur très effrayé, l'accrochèrent dehors à une branche d'arbre.

Dans deux autres villes des Sioux vivaient Ako et les Picards à la manière des Indiens primitifs. Les villageois trouvèrent Ako comme un homme selon leur cœur, car il avait vécu avec des Indiens, appréciait leur vie sauvage et connaissait leurs habitudes comme peu d'hommes blancs. Peu à peu, il apprit la langue des Sioux, comme il avait appris les langues d'autres tribus qui habitaient les vallées fluviales au sud et à l'est.

Dans leur pays d'origine, qui s'étendait à l'ouest et au nord sur plusieurs lieues, les tribus Sioux vivaient pour la plupart dans des groupes de tipis, des loges très différentes des maisons arrondies des Illinois. Lors de la construction du tipi, qui était petit et de forme conique, les squaws plantaient d'abord une vingtaine de poteaux en cercle, puis les liaient ensemble près du sommet avec une solide lanière de cuir. Cette charpente était recouverte de peaux de buffles, cousues étroitement ensemble en une seule pièce avec un rabat pour une entrée toujours tournée vers l'est. Du feu au centre du tipi, la fumée s'élevait et sortait d'un trou où les poteaux étaient reliés au sommet. Certains Sioux, cependant, vivaient dans ce qu'on appelle des huttes en écorce, construites avec un faîtage et couvertes d'écorce d'orme.

Les mois du printemps de 1680, alors qu'ils se réchauffaient et avançaient vers l'été, trouvèrent les courageux Sioux des villages près de Mille Lac attendant avec impatience une chasse au bison. Aquipaguetin a exhorté son fils adoptif à se joindre à la fête lors d'un long voyage dans le sud-ouest. Mais Hennepin désirait maintenant revenir à la civilisation, car son ministère n'avait guère réussi. Il demanda donc la permission de faire un voyage jusqu'à l'embouchure du Wisconsin, où, dit-il, La Salle avait promis d'envoyer des hommes avec des provisions et des marchandises. Après quelques discussions, les Sioux lui ordonnèrent de faire ce qu'il voulait et d'emmener le Picard avec lui. Aussi, lorsque les chasseurs de bisons se rassemblèrent des différents villages, le Picard rejoignit de nouveau son ami le frère. Ako , de son côté, ne répugnant pas à les voir partir, se joignit aux chasseurs.

Avec Ouasicoudé , ou le Pin Percé, le plus grand chef de tous les Sioux, comme chef, le groupe de chasseurs suivit le ruisseau maintenant connu sous le nom de rivière Rum jusqu'à ce qu'il se jette dans le Mississippi à quelques lieues au-dessus des chutes de Saint-Antoine. Ici, les femmes du groupe s'arrêtèrent pour commencer à travailler sur des canots en écorce de bouleau. En attendant l'arrivée de ceux qui étaient partis ramasser de longues bandes d'écorce, les femmes installaient des cadres ou petits quais de perches sur lesquels construire les pirogues. Les chasseurs de bisons, après avoir d'abord envoyé quelques-uns d'entre eux aux chutes pour offrir un sacrifice à l'esprit de l'eau, partirent en voyage avec Ako parmi eux ; et frère Hennepin et les Picards se mirent seuls à descendre le Mississippi dans leur canot, dans l'espoir d'atteindre la bande de Blancs à l'embouchure du Wisconsin.

CHAPITRE XVII

UNE CHASSE AU BUFFLE

Dans un arbre qui se trouvait à côté des chutes de Saint-Antoine, un Sioux pieux grimpa, pleurant et se lamentant amèrement alors qu'il attachait aux branches une fine peau de castor. À l'intérieur, la peau avait été soigneusement habillée et peinte en blanc, et elle était décorée de piquants de porc-épic. Et tandis qu'il offrait ce sacrifice à l'esprit des Chutes, il s'écria d'une voix forte :

« Toi qui es un esprit, accorde que notre nation puisse passer ici tranquillement sans accident, puisse tuer des buffles en abondance, vaincre nos ennemis et faire venir des esclaves, dont nous mettrons certains à mort devant toi. Les Renards ont tué nos semblables. Accorde-nous de les venger.

Unk -ta-he, le dieu qui habitait sous les chutes de Saint-Antoine, a dû entendre sa prière, car tout ce qu'il demandait lui fut accordé. De nombreux buffles tombèrent aux mains des chasseurs, et plus tard dans la saison, ils attaquèrent la nation des Renards et leur victoire fut grande. Ils ramenaient leurs captifs chez eux pour les offrir à l'esprit qui leur avait donné tant de succès.

En ce début de juillet, Hennepin et le timide Picard, levant les yeux alors qu'ils faisaient le portage autour des chutes, aperçurent le Sioux présentant sa robe ornée et l'entendirent offrir sa prière. Puis ils poussèrent leur canot à l'eau et commencèrent leur voyage sur le ruisseau qui jaillissait si rapidement du pied des chutes. Le Sioux descendit de l'arbre et rejoignit ses amis dans leur chasse le long de la rivière et dans les plaines.

Le rusé Aquipaguetin était avec eux et, au fil des jours, il pensait à l'histoire que lui avait racontée Hennepin sur d'autres Blancs envoyés par La Salle avec des marchandises et des armes à l'embouchure du Wisconsin. Pourquoi ne rencontrerait-il pas lui-même ces hommes et ne recevrait-il pas leurs premiers somptueux cadeaux ? Finalement , il ne put plus se retenir et, emmenant avec lui une dizaine d'hommes, il descendit la rivière à la rame après Hennepin et le Picard. Les deux hommes blancs ont vécu de nombreuses aventures. Dans leur chasse, ils n'avaient pas eu de chance et plusieurs fois ils avaient failli mourir de faim. Un jour, après avoir passé deux jours sans nourriture, ils rencontrèrent des buffles qui traversaient la rivière. Le Picard a réussi à tirer une balle dans la tête d'une des vaches. L'animal étant trop lourd pour être transporté à terre, ils le coupèrent en morceaux dans l'eau. Puis ils festoyèrent si chaleureusement que pendant plusieurs jours ils furent trop malades pour reprendre le voyage.

Hennepin et le Picard étaient encore à quelque distance au-dessus du Wisconsin lorsqu'Aquipaguetin les rejoignit. Il ne s'arrêta pas longtemps, mais replongea dans sa pagaie et atteignit bientôt l'embouchure de la rivière où Marquette, sept ans auparavant, avait vu pour la première fois le Mississippi. Là, il s'arrêta et chercha des signes d'hommes blancs. Il n'y avait aucun camp au bord de la rivière et aucune fumée ne s'élevait à perte de vue. Après avoir cherché en vain, il se tourna enfin vers le nord avec une grande colère pour chercher son fils adoptif.

Le Picard était parti chasser et le frère était seul sous un abri qu'ils avaient aménagé pour se protéger du soleil. Levant les yeux, il vit son père adoptif venir vers lui, club à la main. Craignant pour sa vie, il attrapa une paire de pistolets Picard et un couteau. Peut-être que le frère, armé de ces armes impies, a intimidé le chef, car il s'est contenté de déverser sur son fils adoptif des malédictions pour avoir campé du mauvais côté de la rivière et s'être ainsi exposé témérairement à l'ennemi. Puis il poursuivit sa route pour rejoindre ses compatriotes Sioux.

Le groupe de chasseurs s'était alors dirigé vers le sud et, quelques jours plus tard , ils rencontrèrent Hennepin et le Picard, qui les rejoignirent sur la piste du gros gibier. À plusieurs lieues du Mississippi, ils chassèrent le buffle et capturèrent au total cent vingt bêtes à poils longs. Pendant la chasse, ils avaient pour habitude de poster des vieillards sur les points élevés des falaises et des collines voisines pour surveiller les ennemis. Un jour, Hennepin était occupé avec un couteau bien aiguisé à essayer de couper une longue épine du pied d'un Indien lorsqu'une alarme fut donnée dans le camp. Deux cents archers sautèrent dans leurs armes et coururent en direction de l'alarme. Pour ne pas être laissé en dehors du combat, l'Indien au pied blessé se releva également et s'enfuit aussi vite que n'importe lequel d'entre eux. Les femmes entonnèrent un chant lugubre, qu'elles continuèrent jusqu'à ce que les hommes reviennent dire que ce n'était pas un ennemi, mais un troupeau de près d'une centaine de cerfs.

Quelques jours plus tard, les hommes de leurs hauts postes annoncèrent qu'il y avait deux guerriers au loin. Une fois de plus, les jeunes braves coururent pour trouver deux femmes Sioux venues dire aux chefs qu'un groupe de Sioux, chassant près de l'extrémité du lac Supérieur, avait trouvé cinq autres hommes blancs qui venaient vers le sud pour en apprendre davantage sur les trois Blancs. avec le groupe de Ouasicoudé .

De retour de leur chasse quelques jours plus tard, ils rencontrèrent ces cinq nouveaux hommes blancs. Leur chef était le sieur Du Luth, un célèbre chasseur et explorateur arrivé dans l'extrémité supérieure de la vallée du Mississippi par le lac Supérieur, et avec lui se trouvaient quatre *coureurs de bois français* . Du Luth était un cousin d'Henry de Tonty, et c'est avec beaucoup d'empressement qu'Ako et ses amis lui racontèrent l'histoire de la bande de Blancs qui s'étaient installés au village de Peoria et du fort qu'ils avaient construit au bord de la rivière Illinois.

Il y avait maintenant huit hommes blancs dans la bande qui se dirigeait vers le nord en direction des villes Sioux autour du lac. Les Indiens comprirent bientôt que Du Luth était un homme de pouvoir parmi les Blancs, peut-être plus qu'Ako , le chef des trois premiers visiteurs venus dans leur pays. Mais ni Ako ni Du Luth ne semblaient accorder au moine en robe grise la haute estime à laquelle il pensait avoir droit.

Lorsqu'ils furent arrivés aux villages, les Sioux donnèrent un grand festin aux visages pâles, venus dans leur pays du sud et du nord, et pendant plus d'un mois hommes rouges et blancs vécurent ensemble en paix, chacun apprenant de l'expérience. autre. Septembre approchait de sa fin et, à mesure que l'hiver approchait, les hommes blancs devenaient impatients de retourner auprès des leurs. Ils ont obtenu l'accord de Ouasicoudé , qui leur a tracé de sa propre main une carte de l'itinéraire qu'ils devraient emprunter.

Avec cette carte, ils s'embarquèrent dans deux canots sur la rivière Rum et, quelques jours plus tard, ils atteignirent le Mississippi et transportèrent leur embarcation légère autour des chutes de Saint-Antoine. Ici, deux des hommes de Du Luth, à la grande colère de leur chef, ont volé des robes suspendues dans les arbres en guise de sacrifices à l'esprit de l'eau. Ils s'arrêtèrent à l'embouchure du Wisconsin pour fumer la viande de quelques buffles qu'ils avaient tués. Pendant qu'ils campaient à cet endroit, trois Sioux vinrent leur raconter quelque chose qui s'était passé depuis qu'ils avaient quitté les villages du nord. Un groupe de Sioux, dirigé par l'un des chefs, avait comploté pour poursuivre les huit hommes blancs, les tuer et les piller. Mais Ouasicoudé , le Pin Percé, le chef toujours amical , était tellement enragé qu'il se rendit à la loge du chef des conspirateurs et en présence de ses amis le tomahawka.

Reconnaissants pour leur délivrance, les Blancs remontèrent en canot la rivière Wisconsin, traversèrent le portage jusqu'à la rivière Fox et suivirent ce cours d'eau jusqu'à Green Bay et ses colonies de prêtres et de commerçants français. Pendant ce temps, dans le pays qu'ils avaient quitté, les Sioux menaient une guerre acharnée contre les Illinois et d'autres nations du Sud. Paessa , un chef Kaskaskia qui avait quitté le village de son peuple, malgré les remontrances de Tonty, avant l'arrivée des Iroquois, avait conduit un groupe de braves Illinois dans les forteresses du haut Mississippi contre leurs ennemis de longue date.

Dans la vallée de l'Illinois et dans les vallées des rivières qui coulaient ensemble pour former le courant du puissant Mississippi, on ne trouvait plus aucun homme blanc. Lorsque les premières neiges sont arrivées, les tribus du

Haut Mississippi se sont retrouvées avec quelques fusils, des couteaux, des morceaux de tissus brillants et le souvenir des mœurs de l'homme blanc. Mais au lieu des Français au visage pâle, venus apporter des présents et demander la paix, ils avaient désormais avec eux, rôdant dans leurs vallées, les Iroquois infidèles, les mains rouges du sang des nations conquises et le cœur brûlé par les flammes avec lesquelles ils brûlèrent leurs captifs.

CHAPITRE XVIII

LES MIAMIS REPENTENT

Les feux de camp de cinq cents Iroquois brillaient dans l'air glacial de la nuit, la fumée planant au-dessus comme un nuage à la dérive sous la lune. Certains des cinq cents dormaient, leurs armes près de leurs mains, tandis que d'autres montaient la garde contre un danger éventuel. Plusieurs semaines s'étaient écoulées depuis qu'ils avaient chassé les Illinois de la vallée de la rivière qui portait leur nom, et maintenant tout le long de sa longueur était calme. Aucun village riverain de l'Illinois n'envoyait vers le haut la fumée de ses feux de loge. Pas de partie de chasse hivernale campée au bord du ruisseau gelé. En même temps, bien que désertée par ses anciens habitants, la vallée ne manquait pas de signes de ce qui avait provoqué leur départ. La lune qui, cette nuit-là, planait sur les Iroquois qui revenaient, brillait sur toute la longueur de la rivière, révélant sur cent lieues des scènes qui parlaient aussi clairement du passage des Iroquois que la piste dans la neige fraîche raconte le passage d'un loup.

Le sentier commençait au grand village des Kaskaskias . Ici, la pâle lumière tombait sur les ruines à moitié brûlées des loges, le contenu épars des caches, le cimetière profané et les loups qui, avec des hurlements sauvages, rôdaient encore dans la ville que leurs cousins humains avaient ravagée. En aval de la rivière suivait le sentier marqué par les cendres des camps désertés, passant devant les loges des Péorias , le fort Crèvecœur en ruine et les nervures du navire inachevé qui brillaient en blanc au clair de lune. Puis vinrent les cendres d'autres camps, toujours face à face alors qu'ils suivaient la rivière jusqu'à la prairie ouverte près de l'embouchure où se tenaient les sinistres figures des Tamaroas torturés .

Non, la trace des Iroquois n'était pas difficile à retracer dans la vallée de l'Illinois. Ce n'était pas non plus une tâche difficile pour un Indien de trouver la route qu'il avait empruntée lorsque, après avoir massacré les Tamaroas , ils s'étaient déplacés à travers le pays jusqu'à la vallée de la rivière Ohio à plusieurs lieues au sud-est. Les guerriers iroquois, fiers de leurs victoires et se glorifiant de leurs actes cruels, voyageaient sans crainte. Chargés de fourrures et de butin, avec des dizaines d'esclaves de l'Illinois dans leur camp, ils ne savaient pas qu'ils étaient suivis. Mais ils l'étaient. Le chef Kaskaskia, Paessa , qui était parti avec une bande de guerre contre les Sioux avant le raid des Iroquois, n'était maintenant revenu dans la vallée de sa nation que pour y trouver des ruines et la piste bien marquée des Iroquois.

Il n'y en avait qu'une centaine dans la bande, mais dans leur désir de vengeance, ils ne connaissaient pas les chiffres. Avec la fureur augmentant leur vitesse , ils se mirent sur la piste de l'ennemi et maintenant, nuit après nuit, à travers la vallée de l'Ohio, leurs feux de camp se rapprochaient de ceux des Iroquois. Les Iroquois rentraient chez eux. Loin à l'est se trouvaient leurs villages de longues maisons dans les terres où la rivière Ohio prenait sa source au nord. Ils avaient dispersé les Illinois et dévasté leur pays. Ils n'avaient pas blessé les Miamis les plus faibles , peut-être parce qu'ils n'avaient pas encore trouvé cela à leur avantage. Mais maintenant ils pénétraient dans les terrains de chasse des Miamis qui s'étendaient du lac de l'Illinois au sud jusqu'à l'Ohio.

Ils tombèrent un jour sur un groupe de chasseurs de Miami et, sans hésitation, les Iroquois se jetèrent sur eux, tuant certains et en ajoutant d'autres aux prisonniers de l'Illinois qu'ils ramenaient chez eux. L'hiver tomba sur eux avec une telle vigueur, qu'ils s'arrêtèrent et bâtirent trois forts aux angles d'un triangle, chaque fort étant à deux lieues de distance les uns des autres. Ici, les Miamis ont envoyé une délégation pour demander la libération de leurs captifs. Mais les vaniteux Iroquois se moquaient d'eux. Puis ils offrirent en cadeau trois mille peaux de castor en rançon à leurs hommes. Les conquérants autoritaires, après avoir attaqué leurs propres alliés, commettaient désormais un péché impardonnable contre la coutume indienne. Ils acceptèrent le cadeau des Miamis , mais refusèrent de libérer leurs captifs. Les Miamis se rendirent malheureusement compte qu'ils avaient abandonné leurs voisins, les Illinois, pour s'allier à une bande de traîtres.

L'hiver n'a pas arrêté la fête vengeresse sous Paessa . Et une nuit, la bande audacieuse se glissa entre deux des forts et établit son camp au milieu du triangle iroquois. Au lever du jour, certains dans ces forts devraient goûter à la mort pour le cimetière outragé et pour la prairie piétinée où Tamaroas était mort.

Mais cette même nuit, deux chasseurs iroquois aperçurent leur feu de camp et s'approchèrent pour voir qui ils étaient. L'un des deux était entré dans le camp lorsqu'un jeune et téméraire brave de l'Illinois, incapable de se contenir, se jeta sur lui et le frappa mort. Aussitôt qu'un éclair, l'autre avait disparu. Leur secret était dévoilé. La surprise était désormais impossible et le groupe se préparait à une formidable rencontre. C'est venu avec la lumière du jour. De tous côtés, les Iroquois les attaquaient. En infériorité numérique de cinq contre un, les courageux Illinois ont tenu bon tout au long de la journée d'hiver. Le soir, les deux camps se retirèrent. Un tiers des cent intrépides étaient morts, parmi eux la vaillante Paessa . Pourtant, dès le matin, la bande invincible reprit le combat. A trois reprises, ils se précipitèrent sur l'ennemi. Finalement, voyant le désespoir de leur combat, ils s'écartèrent et se dégageèrent du triangle haï.

La nouvelle de ces batailles dans la vallée de l'Ohio se répandit rapidement parmi les tribus de Miami. Les chefs du grand village situé sur le cours supérieur du Kankakee, près du pied du lac des Illinois, réfléchissaient en conseil sur la situation avec beaucoup d'inquiétude. Ils s'étaient alliés aux Iroquois contre les Illinois, et maintenant leurs alliés iroquois les avaient traîtreusement attaqués. Compte tenu du courage indomptable dont les Illinois venaient de faire preuve dans la bataille du Triangle, qu'arriverait-il aux Miamis lorsque les Iroquois seraient partis et que les tribus Illinois reviendraient se venger de leurs voisins ?

Ils avaient également d'autres choses importantes auxquelles penser. A quelques lieues au nord de leur village, là où la rivière Saint-Joseph se jetait dans le lac, gisaient depuis plusieurs mois les ruines du fort Miami, bâti un an auparavant par La Salle et démoli en avril par les déserteurs du fort Crèvecœur . Mais maintenant, Fort Miami était reconstruit ; car de l'Orient La Salle était revenue. En juillet dernier, sur le lointain lac Ontario, il avait retrouvé quelques-uns des déserteurs de Fort Crèvecœur , abattu deux d'entre eux qui s'étaient montrés combatifs et capturé les autres. Puis il était parti pour le pays des Illinois pour sauver Tonty ; mais c'était en novembre qu'il débarqua à l'embouchure de la rivière Saint-Joseph. Le jour où ses canots touchèrent le rivage, Tonty, malade et à moitié affamé, se débattait vers le nord le long de la rive ouest du lac, essayant d'atteindre les colonies françaises avec la nouvelle du raid des Iroquois.

La Salle laissa certains de ses hommes reconstruire le fort et descendit le Kankakee, son anxiété pour Tonty augmentant régulièrement. Au village de Kaskaskia, il suivit la piste que les Iroquois avaient laissée derrière eux et la suivit le long de la rivière jusqu'au pré du massacre près de l'embouchure. Nulle part il ne trouva trace de Tonty et, le cœur lourd, il revint vers ses hommes à Fort Miami. En son absence, une bande d'Indiens de la Nouvelle-Angleterre, pour la plupart des Abénaquis et des Mohegans, avaient établi leurs loges autour du fort et, lorsque La Salle apparut, ils se joignirent à son groupe et jurèrent de le suivre comme leur chef.

Un fait important ressortait désormais clairement dans l'esprit de La Salle. S'il voulait accomplir quelque chose dans l'exploration et la colonisation de la vallée du Mississippi, il devait amener les Miamis , les Illinois, les Shawnees et les autres habitants de la Grande Vallée à former une alliance si solide les uns avec les autres et avec lui-même qu'ils n'auraient pas besoin d'avoir de relations. peur des Iroquois ou de tout autre envahisseur. S'il parvenait à mettre en place une telle alliance, il se sentirait libre d'effectuer son voyage longtemps retardé jusqu'à l'embouchure du Mississippi et d'ouvrir ainsi le commerce avec la France par-delà les mers. Dans cet esprit, il prit quinze hommes et partit le 1er mars pour ouvrir la communication avec les Illinois, dont des bandes occasionnelles commençaient à regagner leur vallée.

Les hommes se déplaçaient facilement sur la neige avec leurs raquettes, mais l'éclat du soleil était si intense que La Salle fut frappé pendant plusieurs jours de cécité des neiges. Alors qu'il souffrait, incapable de voir ou de dormir, certains de ses hommes tombèrent sur des traces qui les conduisirent aux pavillons d'un groupe de chasseurs d'Indiens Renards, dont ils apprirent à leur grande joie que Tonty était vivant et avait atteint un village. de Pottawattomies sur Green Bay. Ils apprirent également qu'Ako , Hennepin et les Picard étaient rentrés sains et saufs dans les colonies du lac.

En descendant la vallée, peu de temps après, il rencontra une bande d'Illinois. Ils lui racontèrent l'histoire du raid des Iroquois et lui montrèrent des lettres de prêtres en robe noire, qui leur avaient été remises par les Iroquois. Ces lettres semblaient avoir la nature de passeports protégeant les Iroquois en cas de capture par les Illinois. Les Illinois ajoutèrent que leurs ennemis avaient d'autres lettres adressées au père Allouez, et ils interprétèrent toute l'affaire comme signifiant que les Robes Noires voulaient qu'ils soient attaqués.

Or, depuis de nombreuses années, La Salle n'aimait pas les Jésuites et il les accusait de tenter de bloquer ses projets et de détruire ses entreprises. Il détestait particulièrement le père Allouez en robe noire. Le prêtre le savait, et c'était la nouvelle de la venue de La Salle qui l'avait poussé à quitter le village des Kaskaskias en cette veille de Noël de 1679. Mais maintenant La Salle voulait apaiser les craintes des Illinois, et c'est pourquoi il leur a assuré que leur méfiance à l'égard des prêtres en robe noire était sans fondement. Il leur fit part de son projet de fonder une colonie dans la vallée de l'Illinois et d'y installer de nombreux soldats français pour protéger les tribus qui avaient élu domicile le long de la rivière ; et il les exhorta à se lier d'amitié avec les Miamis et à unir leurs forces avec eux contre leur ennemi commun de l'extérieur.

Les Illinois étaient très satisfaits des projets de La Salle et partirent en promettant de transmettre son message à leur peuple. La Salle envoya un messager pour dire à Tonty de l'attendre à Mackinac, puis retourna à son fort sur le Saint-Joseph. Il avait fait ses débuts avec les Illinois ; sa prochaine étape consistait à réunir les Miamis dans une alliance.

Dans le village de Miami, au sud de son fort, à cette époque, l'incertitude régnait. Les Indiens observaient avec inquiétude les mouvements des hommes blancs et redoutaient la colère des Illinois à leur retour. Pourtant, les Iroquois semblaient toujours les envoûter. Ce printemps-là, dans le village de Miami arrivèrent trois guerriers iroquois, fanfarons et vantards. Mais malgré leur trahison, les Miamis n'osèrent pas leur faire de mal. Les visiteurs racontèrent leurs exploits de bataille, se moquèrent des Français et exhortèrent les Miamis à poursuivre la guerre contre les Illinois.

Mais un beau jour de printemps, La Salle lui-même, avec dix Français méprisés et une poignée d'Indiens de la Nouvelle-Angleterre, entra dans le village. Avec des yeux curieux, les Miamis observaient les vantards Iroquois. Vont-ils défier les Français maintenant ? Dès l'arrivée de La Salle, les trois guerriers s'empressèrent de lui rendre visite et de lui rendre un profond respect. Mais le chef blanc les reçut froidement, les menaça et les défia de dire en sa présence ce qu'ils avaient dit avant sa venue. Confus et silencieux, ils s'éloignèrent furtivement et s'enfuirent du village cette nuit-là.

Les Miamis avaient eu leur leçon — une leçon qu'ils avaient mis du temps à apprendre. La déconfiture des Iroquois vantards avait brisé le dernier lien qui les unissait à leurs faux amis des Cinq-Nations. Ils se réunirent maintenant en grand conseil avec La Salle dans la loge du chef principal, et afin que tous puissent entendre, ils arrachèrent les parois d'écorce de la loge et l'ouvrirent à la foule extérieure.

CHAPITRE XIX

UN CHEF PREND VIE

Lorsque les Miamis se furent rassemblés dans et autour de la loge ouverte du chef, La Salle demanda à l'un des Indiens de la Nouvelle-Angleterre d'apporter au conseil les cadeaux qu'il souhaitait offrir. Puis il choisit d'abord dans la pile un rouleau de tabac et le présenta aux Miamis. dit:-

« Que ce tabac, pendant que vous le fumez dans vos pipes, dissipe les brumes de votre esprit, afin que vous puissiez penser sans confusion.

« Et ceci, dit-il en déposant un morceau de tissu bleu, c'est pour recouvrir les corps de vos parents qui viennent d'être tués par les Iroquois. Puisse-t-il détourner vos yeux de leurs formes mortes vers le ciel bleu paisible où le soleil brille si fort.

« Et voici un morceau de tissu rouge pour couvrir la terre afin que vous ne voyiez plus le sang de vos frères. Sa couleur est comme celle avec laquelle vous vous peignez le visage lors d'un festin et signifiera pour vous qu'à partir de maintenant vous vivrez toujours dans le plaisir et la joie.

« Voici des manteaux pour couvrir les corps des êtres chers que vous avez perdus. Puissent-ils être une marque de notre estime et de notre amitié. Et prenez ces cinquante haches pour vous aider à élever un magnifique tombeau à leur mémoire. Et ceux qui n'ont pas de beaux ornements à porter lors du festin que vous donnerez à ceux qui sont partis, qu'ils portent ces colliers et ces bracelets, ces bagues, ces perles de verre et ces petites clochettes, et qu'ils se peignent avec cette peinture.

Puis il sortit trente lames d'épée et, se penchant, il les planta en cercle dans le sol en terre battue de la loge, autour et enfermant les cadeaux qu'il avait offerts.

« Et ainsi, dit-il, je ferai autour de vous une palissade de fer afin que les corps de vos amis morts ne subissent aucun dommage. »

Il se redressa près du cercle de fer, et tandis que les Miamis , à l'intérieur et à l'extérieur de la loge, le surveillaient, il continua :

« Vos amis morts doivent être contents maintenant. Nous leur avons rendu notre respect. Ils demanderont seulement en outre que nous les laissions reposer en paix ; que nous essuyons nos larmes et prenons soin des proches qui prennent leur place. Mais je souhaite faire plus que cela.

« Je sais avec quelle tristesse vous avez pleuré Ouabicolcata , votre grand chef décédé. Ne le considérez plus comme mort. Son esprit et son âme ont repris vie dans mon corps. J'élèverai son nom parmi vous. Je suis un autre Ouabicolcata et je prendrai le même soin de sa famille que lui de son vivant. Je ne suis plus Okimao comme tu m'appelais. Désormais je m'appelle Ouabicolcata . Votre chef revit dans le corps d'un Français capable de vous donner tout ce dont vous avez besoin.

Il est rare que les Indiens réunis en conseil interrompent un orateur, mais alors que le chef blanc promettait de reprendre le nom et la vie de leur chef décédé, toute l'assemblée se mit à crier de joie et de louange. Lorsqu'un fils était perdu dans une famille indienne, les parents affligés adoptaient souvent à sa place un captif d'une autre nation. Il ne leur semblait donc pas étrange qu'à la place de leur chef déploré, ils prennent dans leur cœur et dans leur foyer ce chef blanc, l'appellent de l'ancien nom Ouabicolcata et l'aiment comme ils aimaient l'homme qui était mort.

Les hommes de La Salle apportèrent désormais trois immenses bouilloires. « Dans ceux-ci, dit le chef blanc, vous ferez revivre un grand festin pour les morts. » Puis il offrit à ses parents nouvellement retrouvés des chemises et des manteaux, une boîte de couteaux et de hachettes et bien d'autres choses merveilleuses en disant : « Voyez comment je donnerai à mon peuple ce dont il a besoin. »

« Et maintenant, mes frères, » dit La Salle, « nous arrivons à une question de grande importance » – et il présenta aux Miamis six canons. « Il y a un grand maître de l'autre côté de la mer. Il est célèbre partout. Il aime la paix. Il est fort pour nous aider, mais il veut que nous écoutions ses paroles. On l'appelle le roi de France, le plus grand chef de tous ceux qui règnent sur l'autre rive. Il souhaite que la paix revienne sur tous les peuples et que personne ne fasse la guerre sans demander la permission à son serviteur Onontio , le gouverneur de Québec. Soyez donc en paix avec vos voisins et surtout avec les Illinois. Vous avez eu des disputes avec eux. Mais n'avez-vous pas été assez vengés de leurs pertes ? Ils veulent la paix avec vous, mais ils sont encore assez forts pour vous faire du mal. Contentez-vous de la gloire de leur faire demander la paix. Et leur intérêt est le vôtre. S'ils sont détruits, les Iroquois ne vous détruiront-ils pas plus facilement ? Prenez donc ces armes, mais utilisez-les non pas pour faire la guerre, mais pour la chasse et pour vous défendre. »

Puis La Salle choisit enfin dans ses paquets deux colliers wampum, les cadeaux les plus courants chez les Indiens. Se tournant vers les trente Indiens de la Nouvelle-Angleterre qui l'accompagnaient, il dit : « Ce sont d'autres Miamis qui viennent prendre avec vous les places des guerriers que les Iroquois ont tués. Leurs corps sont ceux des Indiens de la Nouvelle-Angleterre, mais ils ont l'esprit et le cœur des Miamis . Recevez-les comme vos frères.

Le concile se sépara dans un tumulte de joie et de sentiment fraternel. Un grand honneur avait été rendu aux morts et de splendides cadeaux accordés aux vivants. Le lendemain, les Miamis vinrent devant La Salle pour danser et offrir des cadeaux. Ils rendaient hommage aux bons esprits du ciel et du soleil et au Dieu des Français. Alors un de leurs chefs, Ouabibichagan , présenta à leur nouveau frère dix peaux de castor en disant :

« Jamais, mon frère Ouabicolcata , nous n'avons vu un événement aussi merveilleux. Jamais auparavant nous n'avions vu un mort reprendre vie. Il faut qu'il soit un grand esprit qui puisse ainsi ramener la vie. Il rend le ciel plus clair et le soleil plus brillant. Il t'a donné la vie, des vêtements pour nous couvrir, nous qui avons l'habitude d'être nus.

« Nous avons honte de ne pas avoir de cadeaux égaux à vous offrir. Mais toi, Ouabicolcata , tu es un frère. Vous nous excuserez. Car c'est pour racheter vos ossements aux Iroquois que nous nous sommes rendus pauvres. Nous leur avons donné trois mille peaux de castor. Ce petit cadeau de dix peaux n'est qu'un signe, il n'est que comme le papier que vous, Français, vous donnez les uns aux autres, cela signifie seulement que nous vous promettons tous les castors de la rivière quand le printemps prochain viendra.

Il lui donna à nouveau dix castors et lui parla de la joie que ressentiraient les Miamis en repartant à la chasse avec leur frère vivant, et de l'esprit qui lui rendait son souffle et qui veillait sur leur bonheur. Avec un troisième don de peaux, il parla du roi de France en ces termes :

« Nous l'écouterons ; nous déposerons nos armes ; nous briserons nos flèches et cacherons nos massues de guerre au fond de la terre. Les Illinois sont nos frères puisqu'ils reconnaissent notre père, et le roi de France est notre père puisqu'il a redonné la vie à nos frères. Un quatrième et un cinquième don de peaux de castor qu'il fit et attacha les Miamis à Ouabicolcata et à leurs nouveaux frères de la Nouvelle-Angleterre. Enfin, il tendit pour la sixième fois dix castors au chef blanc et dit :

« Ne compte pas les peaux, mon frère, car nous n'en avons plus. Les Iroquois ont tout le reste. Mais acceptez notre cœur en toute confiance pour ce que nous ferons lorsque le printemps reviendra.

Après les cadeaux, les danses recommencèrent ainsi que les festins autour des nouvelles bouilloires. Et toute la journée les trois épouses de Ouabibichagan , sœurs l'une de l'autre, et les épouses de Michetonga , sœurs également, dansaient au soleil du printemps et dans la joie d'un peuple réconcilié avec ses voisins et heureux dans la plaisante prétention enfantine d'un frère perdu revient vivre avec eux une fois de plus.

Pendant que les Miamis dansaient, une bande d'Illinois suivait des sentiers rapides vers l'ouest jusqu'aux rives du Mississippi. Ils avaient discuté avec le grand chef blanc qui avait quitté Fort Crèvecœur il y a si longtemps, au bon vieux temps où vivait Chassagoac et où leurs villages souriaient au soleil le long de la rivière Illinois. Ils rapportaient aux Peoria , aux Kaskaskia et aux Tamaroa et à tous leurs frères le message de La Salle, qu'il était toujours déterminé à faire son voyage jusqu'à l'embouchure du Grand Fleuve, et qu'il était venu réunir les Miami. et l'Illinois, pour placer ses hommes en garde contre les Iroquois, et leur reprendre la belle vallée de l'Illinois.

- 79 -

déterminé à faire son voyage jusqu'à l'embouchure du Grand Fleuve, et qu'il était venu réunir les Miami. et l'Illinois, pour placer ses hommes en garde contre les Iroquois, et leur reprendre la belle vallée de l'Illinois.

CHAPITRE XX

RITES ÉTRANGES

Le printemps arrivait, et le géant de la Grande Vallée, étendu de tout son long, commençait à s'agiter avec inquiétude. Il avait dormi trop longtemps la tête dans la neige, là-haut, au pays des Sioux. Ses bras étendus, jetés de chaque côté vers les montagnes, commencèrent à bouger, et jusqu'au bout de ses doigts, enlacés dans les collines des Alleghanies et les tas rugueux des Rocheuses, une nouvelle vie apparut. Le fleuve Mississippi sortait de son sommeil hivernal.

Au pays des Iroquois, au bord du lointain lac Ontario, la glace des petits ruisseaux fondait et l'eau de la neige coulait de leurs rives pour s'écouler le long de la vallée de l'Ohio jusqu'au Grand Fleuve. Au pied du lac de l'Illinois, là où le cours supérieur du Kankakee s'échappait du pays des craintifs Miamis , des gâteaux de glace commençaient un long voyage le long de la rivière qui s'élargissait jusqu'à l'Illinois, pour y couler en douceur à travers un vallée déserte, passez devant le village minier des Kaskaskias , les lodges vides de Peoria et le fort abandonné pour trouver la large rivière au pays des malheureux Tamaroas .

Même dans le froid pays des Sioux, les minuscules sources du Mississippi remuaient ; et les eaux devinrent moins froides à mesure qu'elles disparaissaient de la vue des chasseurs Sioux et se dirigeaient vers le sud, passant devant les tribus éloignées des Illinois - ici les Kaskaskias , plus bas dans les Peorias - jusqu'à ce qu'elles atteignent les repaires des Tamaroas et furent rejoints par les eaux de l'Illinois.

L'eau de source coulait toujours vers le sud. Ici, des plaines occidentales, le Missouri fauve arriva comme un buffle, ramenant des bûches et des arbres qui avaient croisé de nombreux et étranges peuples en route depuis l'Ouest lointain et inconnu. De ces pays occidentaux est également venu l'Arkansas pour jeter son fardeau dans le fleuve plus en aval.

Maintenant, toutes ces eaux, rassemblées en un puissant ruisseau, coulaient au-delà des étranges tribus du Sud, au-delà des Taensas, veillant sur leurs feux sacrés et gardant leurs temples dans huit villages rassemblés sur un lac en forme de croissant, et au-delà des Natchez et des perfides Coroas . et Quinipissas — jusqu'à ce qu'enfin, sous le chaud soleil du Sud, la rivière se déverse du fond de la vallée dans les eaux salées du golfe du Mexique.

Ainsi, en 1682, la Grande Vallée se réveilla de son hiver tranquille. Bientôt, dans le Nord, les femmes indiennes purent remuer la terre avide et commencer leurs plantations. Les braves Indiens pouvaient jeter leurs raquettes dans un coin de la hutte, se débarrasser de leurs vêtements d'hiver en peau de bison et sortir au soleil aussi libres, heureux et sans entrave que Dieu les avait créés.

Toute la vallée était un terrain de jeu pour les Indiens. Ses bois et ses ruisseaux, ses prairies et ses collines, ses troupeaux de buffles, ses cerfs, ses ours et ses oiseaux sauvages étaient à eux. Ils pouvaient construire leurs huttes et chasser le gibier où bon leur semblait. Ils pouvaient commercer avec les tribus du Nord et du Sud et des vallées fluviales de chaque côté ; ou ils pourraient se battre avec eux s'ils le souhaitaient. C'était une vallée pleine des meilleurs dons des bons Esprits, cette terre des Indiens. Et s'il y avait occasionnellement des hommes blancs autour des rivières du Nord et de l'Est ? Ils étaient peu nombreux et apportaient de merveilleux cadeaux. Il y avait sûrement de la place pour tous.

Au-dessous des villages des tribus de l'Arkansas, que Marquette et Joliet avaient atteint neuf ans auparavant, les Indiens n'avaient vu aucune pirogue d'homme blanc. Il est vrai que leurs vieillards racontaient l'histoire, transmise de longue date, d'un Espagnol venu de l'Est dans la Grande Vallée avec une armée qui ravageait, pillait et tuait. Le chef disparut et ses hommes descendirent le fleuve jusqu'à son embouchure et quittèrent pour toujours le bassin du Mississippi. Mais de nombreuses générations se sont écoulées depuis l'époque de la mystérieuse disparition de De Soto et de ses cruels partisans. Entre les Français à l'extrême nord-est et les Espagnols jusqu'au sud-ouest, s'étendait sur toute la longueur du fleuve, avec de la place dans sa large et souriante vallée pour les habitations et les terrains de chasse d'une centaine de tribus.

C'était le mois de mars, dans les villages des tribus de l'Arkansas, et l'air était doux et doux, et les pêchers étaient en fleurs. Les rives de la rivière étaient basses et noyées à présent par les crues printanières ; et d'épaisses barrières de canne s'élevaient des rives marécageuses. Depuis que Marquette et Joliet ont visité l'Arkansas, aucun homme blanc n'était entré dans leurs villages ; mais ils avaient eu connaissance des événements du Nord. Lorsqu'ils découvrirent qu'un puissant chef blanc construisait un fort sur la rivière Illinois et offrait de merveilleux cadeaux aux tribus voisines, ils envoyèrent une délégation pour l'inviter à venir vivre dans leur pays.

La Salle avait dit qu'il descendrait bientôt le fleuve, et ils avaient vu les côtes du grand navire qu'il construisait. De plus, les Arkansas avaient rapporté de lui des cadeaux à leurs voisins et amis. Mais il n'était pas venu depuis deux longues années, et les Indiens étaient occupés à leurs propres préoccupations : à la chasse et à l'entretien des champs, et à une vigilance constante pour empêcher une attaque par surprise de leurs ennemis les Chickasaws.

En ce jour de mars , un épais brouillard recouvrait la rivière. Au printemps, les brouillards étaient fréquents et n'étaient pas sans danger ; car sous le couvert de ces brumes dissimulatrices, les Chickasaws pourraient plus facilement s'approcher à l'improviste. Mais ce matin, il y avait ceux qui regardaient et ils ont annoncé dans le haut du village qu'une bande d'hommes descendait la rivière en canoë. Le village prit les armes. Les femmes se rassemblèrent et se précipitèrent vers l' intérieur des terres, leurs papooses dans des berceaux se balançant sur leurs épaules. Les hommes, armes à la main, se mirent à hurler leurs cris de guerre et à battre leurs tambours en peau. Au bout d'une heure, le brouillard disparut et ils aperçurent un groupe d'hommes campés sur la rive en face du village. Sur une pointe de terre s'avançant dans la rivière se tenait un homme qui les appelait.

Les Arkansas jetèrent une de leurs pirogues dans le ruisseau et se hâtèrent d'aller à la rencontre des visiteurs. Lorsqu'ils furent à portée de voix, l'homme à terre a appelé dans la langue de l'Illinois pour demander qui ils étaient. Il se trouvait qu'il y avait un Indien de l'Illinois dans l'abri et il a répondu qu'ils étaient de l'Arkansas. Un des guerriers du village tira la corde de son arc et décocha une flèche. Puis ils restèrent silencieux et attendirent. C'était leur façon de demander si les étrangers recherchaient la paix ou la guerre. L'homme à terre n'a pas tenté de riposter. Ainsi , le cœur allégé, ils se sont approchés pour en apprendre davantage sur les nouveaux arrivants pacifiques.

C'est un homme blanc qui les a rencontrés. Ses cheveux étaient noirs et longs et sa main droite était enveloppée dans un gant. C'est l'Homme à la main de fer qui les accueillit au nom de son chef La Salle. Sans tarder, les Indiens envoyèrent une ambassade fumer le calumet avec La Salle, et bientôt les Arkansas accueillirent dans leur village de la rive ouest du fleuve toute la bande d'étrangers. La Salle était enfin venu comme il l'avait promis, mais il n'était pas venu sur un puissant navire, mais dans une flotte de canots d'écorce avec près d'une demi-centaine d'hommes.

Il y avait de vieux amis en sa compagnie en plus de Tonty. Le vaillant jeune Boisrondet et le père Membré en robe grise étaient là, et peut-être une vingtaine d'autres Français. Il y avait aussi presque autant d'Indiens de la Nouvelle-Angleterre qui avaient rejoint La Salle à Fort Miami ; et avec eux se trouvaient une poignée de femmes indiennes qui avaient refusé de rester sur place, ainsi que trois petits enfants indiens.

Les tribus vivant dans ce village du haut Arkansas étaient connues sous le nom de Kappas ou Quapaws ; et ils se sont révélés des artistes royaux. Ils logeaient eux-mêmes les étrangers, leur construisaient des huttes et leur apportaient des provisions en abondance. Le lendemain de son arrivée, ils dansèrent devant La Salle la danse du calumet. Les chefs de la tribu prirent d'abord place au milieu d'un espace ouvert, tandis que les guerriers leur apportèrent deux calumets décorés de plumages multicolores. Les bols des calumets étaient en pierre à pipe rouge et pleins de tabac. Les guerriers qui participaient à la danse tenaient des calebasses creusées et remplies de cailloux ; et deux d'entre eux avaient des tambours faits de pots de terre recouverts de morceaux de peau séchée.

Un groupe d'Indiens se mit à chanter, tout en dansant et en agitant leurs hochets de gourde, le tout dans un rythme parfait, mais pas nécessairement au même moment. Un Indien peut chanter à un moment donné, danser à un moment différent et secouer sa gourde avec un rythme plus lent ou plus rapide que l'un ou l'autre. Pourtant, le rythme de chaque série de mouvements ou de sons serait parfait en soi.

Lorsque le premier groupe s'est arrêté, un autre groupe a repris le chant et la danse. Deux hommes battaient les tambours en peau, tandis que les chefs tiraient gravement la fumée des calumets à longue tige et les transmettaient à La Salle et à ses hommes. Alors ceux des guerriers qui s'étaient illustrés s'emparèrent, l'un après l'autre, d'une grande massue de guerre, et avec elle frappèrent des coups sur un solide poteau planté en terre. Par ses coups, chaque brave racontait ses faits de bravoure et racontait les scalps qu'il avait pris, les ennemis qu'il avait tués et les moments où il avait été le premier de sa bande à frapper l'ennemi.

Lorsqu'ils eurent terminé cette cérémonie, ils offrirent des cadeaux en peaux de buffle à La Salle. Ensuite, les hommes de La Salle ont également frappé un à un le poste, ont raconté leurs propres actes de bravoure et ont offert des cadeaux aux Indiens. Et pendant ce temps, les chefs, indiens et français, fumaient la pipe qui les liait à la paix.

Sans doute cette cérémonie du calumet, avec ses danses et ses chants, le récit des actes de bravoure et la remise de cadeaux, parut aux Français un spectacle très curieux. Mais les cérémonies des hommes blancs ce même jour ont dû paraître tout aussi curieuses aux Indiens.

La Salle demanda aux chefs la permission d'élever, dans le village, un emblème du Dieu des Français et du grand roi de France. Les Indiens acceptèrent volontiers cette proposition. Sur quoi Tonty fut envoyé avec quelques hommes pour faire les préparatifs. Ils coupèrent et lissaient un énorme pilier de bois, et dessus ils dessinèrent une croix, et au-dessus de la croix ils gravèrent les armes de France avec ces mots :

« LOUIS LE GRAND, ROI DE FRANCE ET DE NAVARRE,

RÈGNE CE TREIZIÈME JOUR DE MARS 1682. »

Une procession fut formée et le pilier fut porté solennellement sur l'espace ouvert au milieu de la ville indienne. Ici, le cortège se divisait en deux colonnes, avec La Salle en tête de l'une et Tonty en tête de l'autre. Tous les Français étaient en armes, tandis que les Indiens de la Nouvelle-Angleterre, avec leurs femmes et leurs enfants, suivaient résolument leurs dirigeants blancs.

Le Père Membré se mit à chanter une curieuse chanson ; puis tout le cortège reprit le chant et fit trois fois le tour de la place ouverte. A trois reprises, ils poussèrent un grand cri : « Vive le Roi », et déchargeèrent leurs fusils en l'air. Puis ils plantèrent fermement le pilier dans le sol, crièrent encore : « Vive le Roi », et tirèrent une nouvelle volée avec leurs fusils.

Une fois le silence revenu, La Salle commença un discours solennel en français. Les Indiens, stupéfaits, ne comprirent pas ses paroles ; mais plus tard, le discours fut interprété pour eux et ils savaient que, par le signe de la croix et les armes du roi, le chef blanc réclamait pour son roi toute la large vallée au-delà des mers. Qu'importe aux Indiens ? Si les hommes blancs leur apportaient des cadeaux, et si ce mystérieux pilier les protégeait du mal et les préservait de leurs ennemis, le lointain roi serait le bienvenu dans ses revendications.

Les visages étonnés, les Indiens se rassemblèrent autour du pilier une fois l'étrange cérémonie terminée. Ils posaient leurs mains sur le bois coupé, puis frottaient leurs corps nus, comme pour se transférer une partie des médicaments contenus dans le puits des hommes blancs.

Deux jours après, les étrangers s'embarquèrent dans leurs canots et quittèrent le village des Kappas ; et avec eux deux guides de l'Arkansas montraient le chemin à leurs alliés, les Taensas, qui vivaient sur un lac près de la rivière à plusieurs lieues plus bas.

CHAPITRE XXI

LE BAS MISSISSIPPI

Pendant plusieurs jours, les canots du groupe de La Salle longèrent des berges mouillées et d'épaisses cannes à sucre. On ne voyait plus la loutre et le castor à queue plate , car ils avaient été chassés ou dévorés par les alligators qui infestaient désormais la rivière. Tandis que les canots glissaient devant ces monstres énormes, longs parfois de près de vingt pieds, les Français s'asseyaient confortablement au centre de leurs barques, de peur de suivre le chemin du castor.

Enfin, les guides de l'Arkansas indiquèrent une petite crique dans laquelle se jetait un petit ruisseau. C'était le début du sentier intérieur vers les Taensas ; et ainsi tout le groupe débarqua et établit son camp sur le rivage de la baie. La Salle demanda à Tonty d'emmener avec lui les deux guides, un Français et un Indien de la Nouvelle-Angleterre, et de remonter le ruisseau en direction des villages.

Les hommes ont poussé leur canot aussi loin que l'eau le leur permettait, puis l'ont mis sur leurs épaules et, sous la direction des Indiens de l'Arkansas, se sont frayés un chemin à travers le pays marécageux. Finalement , ils atteignirent un lac en forme de croissant et, le traversant en canot, ils arrivèrent à une ville indienne. Les hommes à bord du canot ont rentré leurs pagaies et sont descendus sur la rive du lac. Tonty regarda avec étonnement le village indien devant lui, car au cours de tous ses pérégrinations à travers le continent, il n'avait jamais vu de maisons comme celles-ci. Au lieu de huttes faites d'écorces, de nattes ou de peaux fixées à une charpente de poteaux, il y avait ici de grandes maisons construites avec d'épais murs de boue séchée au soleil et des toits de cannes en forme de dôme.

Pour les guides de l'Arkansas, cependant, le village ne présentait aucune scène étrange. Ils étaient en pays familier ; et lorsqu'ils atteignirent le rivage , ils entonnèrent une étrange chanson indienne. De retour au village, les Taensas qui les entendirent savaient qu'ils étaient amis et sortirent pour les accueillir. Ils conduisirent d'abord les visiteurs à la loge du chef, qui était un bâtiment de quarante pieds de long, avec des murs de deux pieds d'épaisseur et dix ou douze pieds de haut, surmontés d'un toit en forme de dôme qui atteignait une hauteur d'environ quinze pieds.

Ils passèrent la porte et se trouvèrent dans la pénombre d'une grande pièce. Au centre de la pièce brûlait une torche faite de cannes séchées. Sa lumière brillait sur des boucliers de cuivre bruni accrochés à chaque mur et éclairant faiblement des peaux peintes de toutes sortes d'images. Dans la lumière vacillante de la torche, des personnages en robe blanche se détachaient du crépuscule de la pièce. C'étaient des vieillards de la tribu, au nombre de soixante, et ils se tenaient face à une alcôve où, sur un canapé, avec ses trois femmes à côté de lui, était assis le chef. Il était vêtu comme les vieillards, d'une robe blanche faite d'écorce de mûrier ; et des perles grosses comme des pois pendaient à ses oreilles.

Il y avait des filles et des femmes dans la pièce, et çà et là un enfant avec sa mère ; mais dans l'ensemble du groupe régnait un calme respectueux, une révérence digne pour le chef qui était assis sur le canapé et regardait curieusement Tonty et ses compagnons. Les vieillards, debout, les mains sur la tête, poussèrent à l'unisson le cri : « Ho-ho-ho-ho », puis s'assirent sur des nattes posées à terre. Les visiteurs ont également reçu des nattes pour s'asseoir.

L'un des guides de l'Arkansas se leva et commença à s'adresser au chef. Il lui dit que les hommes blancs étaient venus faire alliance avec lui, mais qu'à l'heure actuelle ils avaient cruellement besoin de nourriture. Puis il balança de son propre corps une peau de buffle et la présenta au chef. Tonty, lui aussi, le ravit en lui offrant un couteau, car les couteaux et les hachettes des Taensas étaient de grossiers instruments en silex.

Le chef ordonna d'envoyer de la nourriture aux hommes qui attendaient sur le Mississippi et de préparer un banquet pour leurs invités. C'était une fête digne, au cours de laquelle des esclaves servaient le chef. Ils lui apportèrent des plats et des tasses en poterie avec l'art dans lequel son peuple excellait. Personne d'autre n'a utilisé sa vaisselle ni bu dans sa tasse.

Un petit enfant chancelant commença à traverser le parquet entre le chef et la torche enflammée. Avec un rapide reproche, sa mère le saisit et le fit marcher autour de la torche. Tel était le respect qu'ils rendaient au chef vivant ; et quand un chef mourait, c'était leur coutume de sacrifier peut-être une vingtaine d'hommes et de femmes, afin qu'ils puissent l'accompagner au pays d'outre-tombe et l'y servir.

Lorsque la fête fut terminée et que les visiteurs sortirent de la loge du chef, ils aperçurent en face un bâtiment à peu près semblable en forme et en taille. C'était le temple sacré de la tribu. Dans les murs de boue qui l' entouraient étaient plantés des pointes sur lesquelles étaient accrochés les crânes des ennemis. Sur le toit, face au soleil levant adoré par les Taensas, se trouvaient les figures sculptées de trois aigles. À l'intérieur du temple étaient conservés les ossements des chefs défunts. Un autel se dressait au milieu de la pièce, et c'est ici que le feu sacré brûlait. Deux vieux guérisseurs étaient assis à côté, sans ciller et grave, le gardant jour et nuit.

Le chef était très satisfait de ses visiteurs. Si l'homme qui avait envoyé Tonty dans son village avait été un Indien, il aurait été indigne du chef de faire appel à lui. Mais il fit prévenir La Salle par Tonty qu'il lui rendrait visite, et le lendemain il partit. Il envoya devant lui un maître de cérémonie avec six hommes pour préparer le chemin. Ils prirent avec eux une natte magnifiquement tissée sur laquelle il pouvait se reposer, et de leurs mains ils balayèrent le sol sur lequel il passerait. Alors qu'il descendait la petite crique dans sa pirogue, ses partisans battaient des tambours et ses épouses et les autres femmes du groupe chantaient des chants de louange. Il débarqua et s'approcha du camp de La Salle, vêtu de sa robe blanche et précédé de deux hommes portant des éventails à plumes blanches et d'un troisième portant deux boucliers d'airain brillant. Les deux chefs se rencontrèrent et échangèrent des cadeaux ; et après un appel discret, le digne chef Taensas retourna dans son village au bord du lac.

Lorsque les hommes de La Salle poussèrent leurs canots hors du rivage de l'anse, bien chargés de provisions des Taensas, ils laissèrent derrière eux leurs guides de l'Arkansas et quatre Indiens de la Nouvelle-Angleterre qui craignaient les dangers en contrebas. Mais il y avait maintenant deux nouveaux membres dans le groupe, car les Taensas avaient donné à Tonty et à son compagnon Mohegan deux garçons esclaves, capturés dans les Coroas , plus au sud.

Ils n'étaient pas allés bien loin lorsqu'ils aperçurent sur la rivière un seul canot auquel plusieurs membres du groupe se mirent à la poursuite. Le canot de Tonty, devançant les autres, avait presque atteint l'étrange barque lorsqu'ils aperçurent sur le rivage une bande d'une centaine d'Indiens peut-être, armés d'arcs et de flèches, prêts à défendre leur camarade du canot. Tonty, après avoir consulté La Salle, proposa d'apporter une pipe de paix à la bande des sauvages. Il traversa jusqu'au rivage, présenta le calumet aux Indiens à fumer et fit cadeau d'un couteau à l'un des vieillards qui semblait être un chef. Les Indiens appartenaient à la nation des Natchez et ils montrèrent leur désir de paix en se donnant la main. Cela présenta quelques difficultés à Tonty, mais il ordonna à ses hommes de se donner la main à sa place, et le traité de paix fut conclu. Bientôt le reste du groupe débarqua, et La Salle, emmenant avec lui quelques-uns de ses hommes, fit une visite au village situé à trois lieues du fleuve.

Les Natchez étaient un peuple puissant apparenté aux Taensas et, comme eux, ils adoraient le soleil et entretenaient un temple sacré. La Salle passa la nuit dans leur village ; et pendant qu'il dormait, un coureur rapide se précipita dans l'obscurité jusqu'au village des Coroas pour demander au chef de venir rendre visite à leur hôte. Le chef des Coroas partit aussitôt et voyagea toute la nuit pour atteindre le village de Natchez et rendre hommage à La Salle. Pendant plusieurs jours, le chef blanc rendit visite aux Natchez, et lorsqu'il rejoignit Tonty sur la rive de la rivière, le chef Coroa l'accompagna. Il accompagna les hommes blancs le long de la rivière jusqu'à son propre village, six lieues plus bas, où sa tribu accueillit amicalement les étrangers. Ici, le petit esclave Coroa de Tonty a saisi l'occasion de s'échapper vers son peuple. Mais le garçon qui avait été donné aux Mohegan n'a pas eu cette chance et est resté avec le groupe des explorateurs.

Jusqu'ici, la paix avait accompagné le voyage de La Salle ; mais il ne devait pas en être toujours ainsi. Sans s'arrêter, ils passèrent devant le village des Humas et la haute rive où un poteau rouge, ou *bâton rouge,* marquait la limite entre le territoire des Humas et celui des tribus du sud. Alors qu'ils approchaient du village des Quinipissas , ils entendirent le bruit des tambours et des cris de guerre, et un groupe envoyé par La Salle en reconnaissance fut reçu par une volée de flèches. La Salle décide de ne pas s'arrêter ; et récupérant ses hommes, il descendit la rivière.

Enfin, au début d'avril de l'année 1682, le groupe atteignit l'embouchure du fleuve tant rêvée ; et La Salle, le 9 du mois, plein de joie, prit possession, au nom du roi de France, de toutes les terres arrosées par les rivières qui se jetaient dans le bassin du Mississipi. Aucun homme blanc avant eux n'avait voyagé du Canada vers le Golfe. En voyant la croix s'élever dans les terres marécageuses près de la mer et les armes de leur roi levées vers le ciel du sud, les cœurs de La Salle et de Tonty, du Père Membré et de tous les Français battaient haut de fierté.

Et les sombres Indiens de la Nouvelle-Angleterre, dévoués à leur chef et errant au loin dans une vallée qui ne signifiait rien pour eux, se réjouissaient également, comme tout Indien se réjouit et se sent fier à la fin d'un long voyage, que ce soit pour se venger, pour chasser, ou pour l'aventure. Quant au jeune Coroa , qui se tenait parmi eux, seul représentant du peuple du Mississipi, il était trop jeune et son peuple et sa race étaient trop jeunes pour comprendre ce qui s'était passé dans leur vallée.

Les voyageurs tournèrent alors la proue de leurs canots vers le nord et commencèrent la lente remontée du fleuve. Ils étaient si presque à court de provisions que La Salle décida de s'arrêter au village de Quinipissa pour se nourrir, malgré leur ancienne hostilité. Rencontrant quatre femmes de la tribu, il en envoya une chez elle auprès de son peuple avec des cadeaux et un message de paix. Gardant les trois autres en otages, il attendit de l'autre côté du ruisseau, loin du village. Bientôt arriva Quinipissas qui l'invita à passer à leurs côtés. La Salle le fit et installa son camp à peu de distance du village. Les Indiens lui apportèrent de la nourriture et il relâcha les trois femmes, tout en gardant une garde attentive.

Cette nuit-là, les gardes furent postées avec un soin inhabituel. Crevel , un des Français, fut le dernier à monter la garde. C'était maintenant à une demi-heure de l'aube. Déjà de faibles lumières commençaient à briller, lorsqu'il entendit un bruit dans les cannes. Il a parlé à un camarade qui lui a dit qu'il ne s'agissait que de quelques chiens. Mais Tonty avait entendu leurs paroles et les avait appelés à se mettre en garde, et La Salle, dans les yeux de qui il y avait peu de sommeil, s'élança en criant : « Aux armes. » En un instant, le camp fut prêt pour une attaque.

Au même instant, les cris de guerre des Quinipissas retentirent de toutes parts. Les fusils clignotaient et les flèches volaient dans la lumière qui se propageait. Lorsque le soleil s'est levé et que les Quinipissas ont regardé leurs guerriers tués, ils se sont retournés et ont fui, suivis par les Blancs jusqu'à ce qu'ils soient rappelés par La Salle. Les Indiens de la Nouvelle-Angleterre revinrent au camp avec enthousiasme en agitant des scalps qu'ils avaient pris à l'ennemi.

Plus tard dans la matinée, La Salle et la moitié de ses hommes se rendirent aux abords du village et démolirent les pirogues des Indiens sous leurs yeux. Puis, sans que personne ne soit blessé, le groupe d'explorateurs s'est mis en route vers l'amont dans leurs canoës. De retour au pays des Coroas , ils furent accueillis au village, mais il y avait dans l'air une étrange sensation nouvelle. Les Français virent parmi eux des Quinipissas et apprirent qu'ils étaient alliés. Le jeune captif de Coroa ne tarda pas à raconter l'histoire de la bataille à son peuple. Lorsque les voyageurs s'assirent pour manger , ils se trouvèrent entourés de plus d'un millier de guerriers. Ils mangeaient les bras à portée de main, car personne ne savait quand un massacre pourrait être tenté. Cependant, après avoir pris conseil, les Indiens autorisèrent finalement leurs visiteurs à remonter le Mississippi en paix.

Lorsqu'ils atteignirent le village des Taensas, le chef dans son manteau blanc était toujours aussi digne et gentil, et se réjouissait grandement des scalps que les Mohegans lui montraient. Ils passèrent de nouveau les villages de l'Arkansas. Et maintenant La Salle tomba malade, si gravement que, inquiet de ne pas pouvoir atteindre le Canada, il envoya Tonty en avant pour porter la bonne nouvelle du voyage dans les colonies françaises. Tonty et quatre hommes se précipitèrent vers le nord. Il avait dépassé l'Ohio et s'approchait de la vallée de l'Illinois lorsqu'un jour trente guerriers Illinois surgirent des bois, l'arc tendu, prenant le parti des Iroquois. Mais juste à temps, un guerrier reconnut Tonty et s'écria : « C'est mon camarade ! Ce sont des Français ! Après un court arrêt au village de Tamaroa, Tonty se dirigea vers les colonies blanches.

Au moment où La Salle, se remettant lentement de sa maladie, rejoignit Tonty à Mackinac, la nouvelle était parvenue aux hommes blancs des Lacs que la croix et les armes de France avaient été levées à l'embouchure du Mississippi. Et les tribus Illinois de la haute vallée, encore effrayées à l'idée de retourner dans leurs foyers désertés, prirent courage lorsqu'elles apprirent le retour sain et sauf de La Salle et de l'Homme à la Main de Fer de leur long voyage vers la mer. Car ils n'avaient pas oublié la promesse de La Salle de construire un fort pour les protéger des Iroquois et leur permettre de retourner en toute sécurité dans la vallée qu'ils avaient perdue.

CHAPITRE XXII

LE RASSEMBLEMENT DES TRIBUS

Sur la rive sud de la rivière Illinois, à un mille ou plus au-dessus de la plaine où se trouvait le village déserté des Kaskaskias , un grand rocher s'élevait à pic de l'eau à une hauteur de plus de cent pieds. Trois côtés du rocher ressemblaient aux murs d'un château médiéval . Du quatrième côté, par un sentier accidenté , on pouvait grimper péniblement par derrière jusqu'au sommet plat où poussaient chênes et cèdres.

Au mois de janvier 1683, ce rocher fut le théâtre d'une activité intense. Sur le petit acre de terrain au sommet, les Français avaient abattu des arbres et construisaient des cabanes, des entrepôts et des murs palissadés et érigeaient une fortification sur toute la zone. Sur le sentier escarpé, d'autres Français et de vaillants Indiens traînaient du bois pour aider à la construction du fort et des habitations. La figure dominante de La Salle se déplaçait ici et là parmi les hommes ; et là-bas se trouvaient Tonty aux mains de fer et son ami Boisrondet . De nombreux Français avaient accompagné La Salle lors de son voyage dans le Golfe l'année précédente ; et les Indiens occupés étaient sa fidèle bande de Mohegans et d'Abénaquis.

La Salle était arrivé à Mackinac après son pénible voyage vers la mer, avec peu de forces, mais avec de nombreux projets pour l'avenir. Il avait exploré la rivière jusqu'à l'embouchure. Il ne lui restait plus qu'à exploiter la Grande Vallée. Ses ennemis, les riches marchands de Québec et de Montréal, étaient devenus si acharnés dans leur opposition à son égard qu'il savait qu'il lui serait difficile de réaliser ses plans à partir du Canada comme base. Il résolut donc de se détacher le plus tôt possible de la vallée du Saint-Laurent et d'amener ses approvisionnements et ses hommes par mer depuis la France jusqu'à l'embouchure du Mississippi, de là en remontant le fleuve jusqu'aux postes de traite qu'il fonderait parmi eux. les tribus le long de ses rives.

Telle était la vision qui se présentait jour et nuit devant La Salle : une vision de la longue vallée fluviale maintenue par une chaîne de forts et de dépôts pour le commerce des fourrures, d'Indiens amis venant avec leurs canots chargés de fourrures pour échanger avec les Français contre des fourrures. marchandises, des colonies françaises poussant dans le désert, d'un grand poste à l'embouchure du fleuve et de navires à voile rapide naviguant entre le Golfe et la France lointaine.

Mais pour concrétiser cette vision, La Salle doit d'abord repeupler la vallée de l'Illinois et unir les tribus indiennes de cette région pour repousser les bandes d'Iroquois qui menaçaient à nouveau d'envahir la vallée du Grand Fleuve. Il envoya donc Tonty de Mackinac, à l'automne 1682, pour construire un fort autour duquel ils pourraient rassembler une colonie de tribus dispersées. Peu de temps après, La Salle, entendant de nouvelles rumeurs d'invasion iroquoise, envoya le père Membré au Canada et en France pour rendre compte de l'exploration du Mississippi, puis rejoignit Tonty sur la rivière Illinois.

À plusieurs reprises , au cours de leurs voyages le long de l'Illinois, La Salle et Tonty avaient remarqué le haut rocher qui s'élevait au bord de la rivière, près du village de Kaskaskia. Quel point de ralliement cela ferait pour le peuple dispersé ! La Salle se contenta bien de construire ici son fort sauvage ; et sans attendre que l'hiver desserre son emprise glaciale sur la terre, il mit au travail ses hommes, à la peau rouge et blanche.

Il leur fallut plusieurs semaines pour construire la citadelle sur le rocher ; et quand, vers le printemps, ce fut terminé, La Salle et Tonty regardèrent la campagne environnante avec un sentiment de grande sécurité. Dans la rivière en contrebas se trouvait une petite île, et c'est ici qu'ils se préparaient à planter leurs récoltes. C'était à portée de feu du fort, d'où un tir ratissé pouvait empêcher tout ennemi de débarquer et d'attaquer les hommes au travail dans les champs. Quatre gros morceaux de bois étaient placés de manière à dépasser du bord du rocher, et à partir de ceux-ci, en cas de besoin, l'eau pouvait être puisée directement du courant clair de la rivière Illinois.

La forteresse achevée, restait le rassemblement des tribus. Un jour de mars 1683, Tonty descendit le sentier accidenté et traversa les prairies pour visiter les tribus indiennes. Il parcourut près de cent lieues de village en village. Dans les loges des Shawnees , il raconte le retour de La Salle dans la vallée de l'Illinois et leur rappelle leur promesse de venir le rejoindre.

Il visita les Miamis et parla des Iroquois qui avaient tué tant de leurs braves. Même maintenant, des rumeurs d'une nouvelle invasion couraient dans l'air. Mais si les Miamis voulaient rejoindre la colonie française, ils n'avaient pas à craindre, car Ouabicolcata était revenu dans la vallée de l'Illinois et avait construit sur la rive du fleuve un fort fort pour garder ses frères les Miamis .

Ce fut plusieurs lieues vers le soleil couchant que Tonty parcourut avant de trouver les tribus des Illinois. Mais un jour, il entra dans le camp de ses anciens compagnons et s'assit sur leurs nattes. Avec une grande joie, ils le reçurent, lui remirent dans la main gauche le calumet de la paix et le régalèrent comme ils l'avaient fait trois ans auparavant dans leur ancienne demeure.

Ils se demandaient peut-être si la glace se brisait maintenant dans la rivière près du village abandonné et si la neige fondait pour nourrir les chênes blancs de la rive opposée. Ils revoyèrent toute la rivière en écoutant les paroles de l'Homme à la Main de Fer. Eh bien, connaissaient-ils chaque virage de son parcours. Et quel Indien pourrait oublier ce gros tas de roches sur la rive sud de la rivière, à une demi-lieue au-dessus de leur vieille ville ? Chaque crevasse et couture de ses côtés usés par les intempéries leur revenaient. Ils voyaient dans leur esprit le ravin du côté est où un petit ruisseau descendait jusqu'à la rivière. Ils revirent le sentier accidenté qui menait au sommet ; et ils essayaient d'imaginer des Français grimpant sur les hauteurs où se dressait aujourd'hui le fort de La Salle. C'était un fort pour les protéger des Iroquois, dit Tonty, si seulement ils revenaient s'installer dans leurs anciens repaires. Il n'était pas non plus difficile de les convaincre. La Salle était leur père, disaient-ils. Il y a seulement un an, il leur avait rendu visite, leur avait fait part de ses projets et les avait exhortés à pardonner aux Miamis et à se joindre à eux contre l'ennemi commun.

Leur peur des Iroquois les appelait ; leur amour pour leur père La Salle et leur frère Tonty et pour les cadeaux que ces hommes leur apportaient les appelaient ; et peut-être, et surtout, le vieux village où ils avaient courtisé et épousé leurs femmes indiennes, où ils avaient ramené chez eux des scalps et des captifs, où ils avaient reçu leurs amis et enterré leurs morts – leur maison d'autrefois – les appelait. Oui, ils reviendraient au bord de la rivière de l'Illinois et élèveraient de nouvelles loges-poteaux sur l'emplacement de leur ancienne ville dans la colonie de leur père La Salle.

donc de son tour des tribus et gravit le rocher jusqu'au fort Saint-Louis pour signaler à La Salle l'arrivée des Indiens. Bientôt, les tribus commencèrent à se rassembler. Les Shawnees sont venus du sud avec quelques petites tribus et se sont installés directement derrière le rocher. Il ne fallut pas non plus plusieurs semaines avant que les Illinois, retraversant la vallée qu'ils avaient abandonnée, arrivent en une grande armée joyeuse, avec leurs femmes et leurs papooses, sur la rive nord de la rivière. Des femmes indiennes aux bras puissants élevaient les poteaux des nouvelles loges et posaient de nouvelles nattes sur la charpente. Ils apportaient du bois qu'ils déposaient en tas au centre de chaque longue loge ; et bientôt des trous d'une centaine de toits s'élevait la fumée des incendies de l'Illinois. Ils ont remué le sol des champs négligés et planté de nouvelles cultures. Ils réparèrent tant bien que mal les tombes profanées de leurs morts et reprirent la vie qu'ils avaient abandonnée lors de l'invasion iroquoise.

Mais ce n'était pas tout à fait la même chose pour ces Illinois, car le fléau d'un désastre écrasant pesait toujours sur eux et la peur couvait au plus profond de chaque cœur. Lorsqu'ils remontèrent la rivière jusqu'à l'endroit où le fort Saint-Louis montait la garde comme une sentinelle sur son haut rocher, ils prirent courage ; mais quand ils se détournaient et regardaient les scènes qu'ils venaient de racheter de la désolation iroquoise, leur cœur leur manquait parfois.

Les familles de toutes les tribus de la Confédération de l'Illinois se rassemblèrent désormais dans le village, prêtes à s'unir dans une cause commune avec les Shawnees et d'autres nations du sud, et désireuses de s'allier une fois de plus avec les inconstants Miamis qui étaient toujours à leur place. villages à l'est.

Seul le retour de La Salle au pays des Illinois avait empêché les Miamis de quitter leurs villages proches du pied du Lac et de fuir vers le Mississippi ; et même maintenant, avec le fort Saint-Louis construit et garni d'une garnison et avec les Illinois et les Shawnees rassemblés dans les environs, ils furent plongés dans la panique par les nouvelles venant du fleuve Saint-Laurent selon lesquelles les Iroquois étaient en route vers la vallée de l'Illinois. .

Les Français et les Indiens de la colonie de La Salle ayant appris l'alarme de Miami, La Salle se prépara à se rendre aussitôt dans leurs villages pour les rassurer. Les Illinois, cependant, attendirent son départ avec effroi et essayèrent de l'en dissuader. Peut-être rappelaient-ils trop vivement les désastres qui avaient suivi son départ trois ans auparavant. Et puis aussi, ils avaient entendu de mauvaises rumeurs. Les Français de Green Bay avaient dit à leurs commerçants que si les Illinois s'installaient près de La Salle, il les abandonnerait aux Iroquois. Les Indiens racontèrent franchement ces histoires, et La Salle leur parla patiemment de ses ennemis de Green Bay qui lui voulaient du mal, — peut-être parce qu'ils étaient jaloux de son commerce du castor, — et il leur promit que, même s'il était important pour lui d'aller des villages de Miami au Canada, il reviendrait immédiatement si les Iroquois approchaient.

En partie rassurés, ils l'ont laissé partir. Ils ne savaient pas quels lourds fardeaux pesaient sur La Salle alors qu'il se dirigeait vers l'est. Au fort de Tonty, il n'avait laissé qu'une vingtaine de Français, avec à peine une centaine de cartouches de poudre et de balle. À maintes reprises , il avait envoyé des hommes dans les colonies canadiennes pour ramener des provisions, des munitions et des volontaires français pour sa garnison. Mais ils n'étaient pas revenus ; et La Salle soupçonnait à juste titre que le nouveau gouverneur, La Barre, qui avait succédé à Frontenac à Québec, était de mèche avec ses ennemis et disposé à détruire sa colonie en empêchant ses hommes de revenir avec des fournitures et des renforts. Son seul espoir était de se rendre en personne au Canada pour obtenir de l'aide ; et c'est ce qu'il avait l'intention de faire après avoir vu les Miamis .

Trouvant les Miamis pleins de terreur et prêts à s'envoler, il convoqua immédiatement les chefs et les anciens en conseil. Si les Miamis , au lieu de fuir vers le Mississippi, voulaient rejoindre sa colonie au fort, ils combattraient tous ensemble. Il se dirigeait maintenant vers l'Est pour chercher des renforts ; mais s'il entendait parler de l'approche prochaine des

Iroquois, il les rejoindrait immédiatement au fort Saint-Louis. Les Miamis prêtèrent une oreille attentive à La Salle. N'était-il pas leur frère Ouabicolcata , ressuscité des morts pour les protéger ? Le lendemain, ils commencèrent à se déplacer en trois grandes armées vers le fort Saint-Louis, tandis que La Salle continuait vers le Lac.

Du camp de Miami, un chasseur partit un jour accompagné de son chien. A la suite d'un chevreuil, il s'écarta de sa bande et fut subitement attaqué par quatre Iroquois et mortellement blessé. Le chien, voyant son maître abattu, se mit à aboyer à pleins poumons. Les Iroquois, alarmés, prirent la fuite. Immédiatement, les Miamis furent sur leurs traces. Ils suivirent leurs traces jusqu'à ce qu'ils arrivèrent à une piste si largement tracée qu'elle indiquait une grande armée ennemie. Conscients de leur manque d'effectifs, les Miamis reviennent sur leurs pas et s'empressent de regrouper leurs trois armées en une seule avant de poursuivre le voyage.

Entre-temps, l'alarme avait atteint la colonie près du fort, et les groupes de guerre de l'Illinois quittèrent leur village pour affronter l'ennemi qui arrivait. Bientôt, ils rencontrèrent un groupe d'Iroquois composé d'une quarantaine de personnes et firent prisonnier l'un d'eux. Avec une joie sauvage, ils l'amenèrent au camp. Peut-être faisait-il partie de la bande détestée qui avait pillé leur village. C'était maintenant à leur tour de se venger. Ils présentèrent le captif à Tonty pour qu'il le mette à mort. Mais Tonty répondit que ce n'était pas l'habitude de son peuple de tuer ses prisonniers de guerre. Puis ils l'offrèrent à leurs alliés, les Shawnees, qui, au cours de cérémonies sauvages, le brûlèrent vif.

Les Illinois avaient remporté une victoire sur les envahisseurs, mais cela ne leur apportait pas la sécurité. Ils souhaitaient le retour de La Salle ; et Tonty envoya à toute vitesse deux coureurs dire à son chef que s'il ne revenait pas immédiatement, les tribus risquaient de se fondre vers le Far West et hors de portée des Iroquois.

Miamis ne tarda pas à arriver. Une lieue au-dessus du fort, du côté nord de la rivière, se trouvait une longue falaise rocheuse, et c'est ici qu'ils s'établirent et établirent leurs loges. La Salle, fidèle à sa promesse, revint bientôt dans la colonie, à la grande joie des Indiens et des Blancs. Du haut de son fort sur le rocher , il contemplait maintenant les villages indiens, avec leurs milliers de braves indiens rassemblés comme l'armée d'un baron médiéval , et se réjouissait à l'idée qu'un grand pas avait été fait vers la réalisation de son rêve du Grande Vallée.

CHAPITRE XXIII

FORT ST. LOUIS

L'été qui suivit le retour de La Salle au fort Saint-Louis fut anxieux pour la colonie. Les Iroquois étaient toujours dans la vallée, et les Indiens autour du fort étaient pleins d'une appréhension qui équivalait parfois presque à la panique. Pourtant, ils s'accrochaient à leur foi en leurs protecteurs français ; et les bandes d'envahisseurs, ne voulant pas goûter la vengeance d'une si forte union de leurs ennemis, ne molestèrent pas cet été-là le groupe de villages.

Mais les mois d'attente n'apportèrent ni aide ni renforts au fort situé sur le haut rocher, et chaque jour montrait plus clairement que les ennemis de La Salle étaient au pouvoir au Canada. Plus que jamais, grandit en lui la détermination d'aller en personne en France et d'équiper une expédition qui pourrait venir par mer jusqu'à l'embouchure du Mississippi et de là avec des hommes et des fournitures jusqu'au fort de l'Illinois. Finalement, il ne pouvait plus attendre ; et ainsi, à la fin du mois d'août, accompagné de deux Indiens Shawnee, il quitta le fort en charge de Tonty et commença son long voyage.

La Salle n'était pas loin de son chemin lorsqu'il rencontra une flotte de canots chargés de Français et de provisions. S'il lui venait à l'esprit la moindre lueur d'espoir que ce soient ses propres hommes revenant enfin avec des renforts, elle s'éteignit bientôt, car le chef du parti, le chevalier de Baugis , apportait avec lui une commission de commandant du fort Saint-Laurent. Louis à la place de La Salle, à qui il présenta un ordre du nouveau gouverneur du Canada lui ordonnant de se rendre immédiatement à Québec. Il n'y avait rien d'autre à faire que de se soumettre. Avant de poursuivre son voyage, La Salle envoie une lettre à Tonty lui disant d'abandonner gracieusement, mais de rester au fort pour s'occuper de leurs biens privés.

Lorsque le chevalier de Baugis arriva au rocher, Tonty lui remit le commandement du fort ; et la garnison, désormais renforcée mais pleine d'inquiétants, commença à se préparer pour la saison hivernale. Ce n'était pas une période d'harmonie au fort, car le nouvel officier avait peu de capacité à gouverner un poste occidental et passait une grande partie de son temps à essayer de s'aliéner les partisans de La Salle. Tonty, malgré les ordres de son chef de vivre en paix avec son successeur, n'a pas pu supporter de telles performances, et les affrontements entre les deux hommes ont été nombreux et amers cet hiver-là.

Mais avec le printemps arriva un événement qui, pour le moment du moins, poussa les hommes du fort à mettre de côté leurs querelles et à travailler côte à côte. Des bandes iroquoises , semble-t-il, persistaient encore dans les pays occidentaux, en particulier autour du cours supérieur du

Kankakee et vers le Mississippi. Ils n'avaient pas eu assez de courage pour attaquer la colonie fondée par La Salle ; mais ils trouvèrent d'autres proies.

Un groupe de quatorze Français, en canots, se dirigeait, en mars 1684, vers les Illinois. Le nouveau gouverneur, La Barre lui-même, les avait envoyés faire du commerce dans cette région, malgré le fait que le roi de France avait donné à La Salle le contrôle exclusif du commerce des fourrures dans la vallée des Illinois. Un jour, ils approchaient de quelques rapides de la rivière Kankakee, sans se douter du danger, lorsque deux cents Iroquois apparurent soudain sur la rive.

Soixante Indiens sautèrent à l'eau et capturèrent les canots qu'ils tirèrent sans cérémonie jusqu'à la rive. Les Français, frappés par la terreur, protestèrent sauvagement tandis que les sauvages dégoulinants, leurs corps mouillés luisants et leurs visages illuminés par le désir du pillage, pillèrent les sept pirogues et emportèrent les propriétaires. Avec un grand mépris, les Iroquois déchirèrent en morceaux les permis des Français remis au gouverneur. Quelques Indiens prirent en charge les canots avec leur précieux chargement de marchandises, tandis que les autres conduisirent leurs captifs à travers le pays pendant neuf jours vers le fort Saint-Louis.

Au fur et à mesure qu'ils avançaient, les hommes blancs furent interrogés sur le fort. L'Homme à la main de fer était-il là ? La Salle était-elle au fort ? Lorsque les Français répondirent qu'un nouveau commandant était aux commandes et que La Salle avait été rappelé, les sauvages rusés dirent qu'ils le savaient, mais qu'ils demandaient à voir si les Français disaient la vérité. Ils allaient, disaient-ils, attaquer le fort. Finalement , ils laissèrent partir les Français, menaçant cependant de leur casser la tête s'ils étaient découverts aux environs du fort.

Les Iroquois poursuivent leur conquête. Lorsqu'ils aperçurent le haut rocher, ils avancèrent prudemment, seulement pour trouver la citadelle menaçante prête pour la bataille. Des coureurs étaient venus au fort la veille avec la nouvelle de l'approche des Iroquois. Jusqu'à la base du rocher, les envahisseurs se sont glissés et ont lancé des flèches et des balles vers les hauteurs. Ils tentèrent même un assaut sur le sentier accidenté, mais furent repoussés avec de grandes pertes. Pendant six jours, ils assiégèrent le château sauvage, mais en vain. Finalement, ils firent quelques captifs parmi les tribus voisines et essayèrent de s'enfuir. Mais les bandes des Shawnees, des Illinois et des Miamis attendaient leur tour, et maintenant aux trousses de l'ennemi en retraite, elles poussèrent avec des armes acharnées. Ils en tuèrent beaucoup et rapportèrent leurs scalps en triomphe dans les villages autour du rocher. Le fort Saint-Louis avait eu son baptême du feu, et l'incendie n'avait fait que durcir le courage de la garnison et des Indiens de la colonie.

Deux mois après cette attaque du fort, descendit le fleuve une flotte de canots français sous le commandement du sieur de la Durantaye et contenant soixante Français pour renforcer la garnison du rocher. Durantaye était un brave officier qui avait été envoyé l'année précédente par le gouverneur La Barre aux postes du lac des Illinois. À maintes reprises, il avait jugé nécessaire de se rendre au fort Saint-Louis pour porter secours à l'incapable chevalier de Baugis . A cette occasion, vint avec lui de Green Bay le curé Allouez, qui rassembla sa robe noire en gravissant le sentier escarpé qui menait au fort.

Les Indiens connaissaient bien ce prêtre. Des années auparavant, il était venu remplacer leur bien-aimé Père Marquette. Et puis, la veille de Noël, dans l'hiver de leur désastre, il avait appris des Miamis que La Salle arrivait et avait disparu comme un esprit dans la nuit. Dans les années qui suivirent, des rumeurs constantes circulaient de Green Bay, où il s'était rendu, selon lesquelles La Salle était leur ennemi. Maintenant, cet homme était revenu vers eux lorsque La Salle était parti et que Tonty lui avait dépouillé son pouvoir.

La visite de Durantaye n'était pas seule à amener des renforts, car il avait avec lui un ordre du gouverneur La Barre ordonnant à Tonty de quitter le fort et de se rendre à Québec. Tonty n'a pas hésité. Boisrondet , avec quelques fidèles, resta dans le fort, tandis que l'Homme à la main de fer, prenant congé de ses amis blancs et rouges, remonta presque seul le fleuve vers le lointain Canada. Il avait passé près de six ans dans le désert – années fidèles au cours desquelles il avait suivi son chef à travers le malheur et la fortune. Il s'était lié d'amitié avec une douzaine de tribus et avait aidé à les rassembler dans la colonie autour du fort Saint-Louis. C'est maintenant avec une grande amertume qu'il voit fort et colonie livrés à ceux qui, bien que français, étaient pourtant ennemis de son ami La Salle.

Durantaye retourna au lac et De Baugis fut laissé faire ce qu'il voulait. Les Indiens ne trouvèrent pas en lui les qualités qu'ils avaient admirées chez La Salle et Tonty. Il connaissait peu leurs habitudes et se souciait peut-être moins d'en apprendre davantage. Des troubles surgirent bientôt dans la colonie et il fut impuissant à les arrêter. Les Miamis , se levant brusquement, tombèrent sur les Illinois avec un grand massacre ; rendant ainsi probable une perturbation de la colonie et la destruction inévitable des deux nations par les Iroquois.

Une année de gouvernement incompétent s'est écoulée. Puis, au mois de juin 1685, les tribus apprirent que Tonty était revenu. Descendant la rivière qu'il avait remonté seul, le cœur triste, il arriva maintenant en triomphe, et remontant le sentier qui mène au fort, il tendit dans sa main gauche l'ordre à de Baugis de lui rendre le commandement du fort et de la garnison.

La Salle en France avait gagné la faveur du roi. On lui avait donné des navires pour faire un voyage jusqu'à l'embouchure du Mississippi et des hommes pour les équiper, ainsi que des canons, des fournitures et des marchandises. Tout cela s'était passé au printemps et à l'été de 1684. La Forest, un des lieutenants de La Salle, fut envoyé de Paris au Canada pour prendre en charge le fort Frontenac, dont La Barre s'était emparé, et donner à Tonty une commission de capitaine et le poste de gouverneur de Fort Saint-Louis. La Forest s'était rendu au fort Frontenac cet automne-là, mais l'hiver empêcha Tonty d'atteindre son poste de l'extrême ouest jusqu'en juin de l'année suivante.

Après le départ déçu de De Baugis , Tonty entreprit de concilier les tribus. Ce n'était pas une tâche facile. Mais les Illinois et les Miamis ont finalement écouté ses convictions, accepté ses cadeaux et accepté une fois de plus de vivre en paix.

Pour Tonty, il a dû sembler que la vision qu'il chérissait et partageait avec La Salle était plus proche que jamais de sa réalisation. Cela faisait maintenant presque un an que La Salle avait quitté la France. Peut-être qu'à cette époque il avait déjà fondé son fort à l'embouchure du Mississippi et qu'il remontait le Grand Fleuve pour rejoindre les partisans qui l'attendaient avec tant d'impatience au fort Saint-Louis.

CHAPITRE XXIV

LE CHEF PERDU

De leur camp d'hiver sur les rives de la rivière, à quatre-vingts lieues en aval de Fort Saint-Louis, une bande d'Illinois leva les yeux, à la fin de février 1686, pour voir leur ami Tonty, avec vingt-cinq Français et une poignée de Shawnees, descendre le ruisseau en pagayant. . En juin de l'année précédente, il était revenu prendre le commandement du fort avec la bonne nouvelle que La Salle avait quitté la France pour l'embouchure du Mississippi. Au cours de l'été, il avait persuadé leurs chefs de rejoindre en paix les Miamis .

Mais avec l'automne, des nouvelles inquiétantes étaient arrivées. La rumeur disait que La Salle avait débarqué au bord du Golfe ; qu'un de ses navires avait été détruit et pillé par les tribus du Sud qui l'avaient attaqué ; et qu'il luttait contre des ennemis indiens et avait cruellement besoin de nourriture. Tonty, très alarmé, était monté à Mackinac, mais n'avait pas appris grand-chose pour l'encourager à l'égard de son chef.

De retour au fort, la plupart du temps à pied, il envoya des Indiens sur le fleuve Mississippi à la recherche de nouvelles. Mais ils n'en trouvèrent aucun. Tonty décida alors de descendre lui-même la rivière jusqu'à la mer à la recherche de son chef perdu. Il part en plein hiver avec près de la moitié de sa garnison. Pendant quarante lieues, ils traînèrent leurs canots sur la glace de la rivière jusqu'à ce qu'ils arrivèrent à l'eau libre à mi-chemin du camp indien.

Tonty n'avait pas beaucoup de temps pour s'attarder dans le camp, mais il avait des nouvelles passionnantes à annoncer aux Indiens. La Barre, gouverneur du Canada, avait été destitué et le nouveau gouverneur, le marquis Denonville , préparait une grande guerre contre les villages iroquois. Il voulait que Tonty rassemble une bande d'Indiens de l'Ouest et se joigne à d'autres bandes sous Du Luth et Durantaye pour renforcer l'armée du Canada, et il avait envoyé un message à Tonty pour qu'il vienne au Canada pour s'entretenir avec lui à ce sujet. Mais Tonty avait insisté sur le fait que son premier devoir était de rechercher La Salle ; l'autre doit attendre son retour. Les Illinois le rejoindraient-ils au printemps prochain et aideraient-ils à faire la guerre sur les terres de leurs ennemis ?

Tonty savait bien qu'il ne pouvait y avoir qu'une seule réponse à sa question. Les Illinois, qui se souvenaient parfaitement des raids diaboliques sur leurs terres, voyaient maintenant une opportunité de vengeance ; et aussitôt ils se mirent à rêver au moment où Tonty reviendrait de son voyage. Mais ils désiraient aussi des nouvelles de La Salle, et ils envoyèrent Tonty cinq de leurs hommes pour l'accompagner jusqu'à l'embouchure du fleuve.

Avec cet ajout à la fête, les hommes de Tonty trempèrent leurs pagaies dans le courant froid et furent bientôt hors de vue, laissant le camp de l'Illinois bourdonnant d'excitation. La flotte de canoës entra bientôt dans le Mississippi et progressa rapidement sur son large courant. Quelque part au-dessus de l'embouchure de la rivière Arkansas, après que Tonty et ses hommes aient voyagé plusieurs jours, ils tombèrent sur un groupe de guerre d'une centaine de Kappas . Les Indiens se préparèrent à la guerre à la première vue des canots, mais, trouvant de qui il s'agissait, ils sortirent le calumet de la paix et ensemble les deux groupes se dirigèrent vers le village.

Ici et dans les villages du bas Arkansas, les Indiens ont dansé la danse du calumet devant Tonty et l'ont renvoyé en paix. Les Français se sont rendus au village au bord du lac où les Taensas en robe blanche les ont accueillis. Eux aussi dansaient la danse du calumet et se montraient très cordiaux envers les visiteurs. Mais Tonty ne pouvait pas s'arrêter longtemps. Ses canots étaient remplis de nourriture pour La Salle affamé, et il disposait d'hommes et d'armes pour aider son chef à combattre. Il doit se précipiter vers la mer. Au village des Coroas , il s'arrêta assez longtemps pour reprocher au chef la trahison de sa tribu quatre ans auparavant. Il passa le village des Quinipissas sans atterrir.

Le 9 avril, Tonty et son groupe arrivèrent à la mer. Quatre ans auparavant, ce même jour, La Salle avait levé la croix et les armes de France et avait pris possession de la Grande Vallée pour le roi. Mais maintenant, alors qu'il avait eu près de deux ans pour atteindre l'embouchure du fleuve par la mer, La Salle était introuvable. Il n'y avait aucun signe non plus que lui, ses navires et ses hommes aient été là. L'anxiété de Tonty s'accentuait à mesure qu'il cherchait en vain les chaînes voisines. Il constitua deux groupes d'exploration et en envoya un à l'est et un à l'ouest le long de la côte du golfe. En construisant un fort grossier sur une île près de l'embouchure, il attendit. Au bout de trois jours, les deux groupes étaient revenus. Ils avaient exploré plus d'une demi-centaine de lieues de côte, et étaient revenus parce qu'ils n'avaient plus d'eau potable. Ils n'avaient vu que des rivages mouillés et une mer salée. Nulle part il n'y avait de trace du chef perdu.

Pendant ce temps, au Canada, le gouverneur Denonville attendait que Tonty vienne s'entretenir avec lui au sujet du raid des Iroquois. Tonty a pris conseil avec ses hommes. Une chose de plus pourrait être faite. Ils formaient un groupe considérable – un tiers de cent personnes – et ils avaient de solides canots. Pourquoi ne pas longer la côte du Golfe, contourner la pointe de la Floride, remonter la côte orientale du continent jusqu'à New York, et de là traverser jusqu'au Canada et au gouverneur en attente ? C'était un plan audacieux, mais imprudent, et Tonty n'insista pas.

Le cœur lourd, il entreprit enfin la remontée de la rivière. Le vent et les vagues avaient fait des ravages dans les armes du roi que La Salle avait levées, et Tonty les remplaça. Dans un trou d' arbre, il laissa une lettre à La Salle, puis se dirigea vers le village des Quinipissas . Ces Indiens étaient un peuple châtié, car les années n'avaient pas effacé de leur mémoire le châtiment que La Salle leur avait infligé pour leur trahison. Maintenant, ils demandèrent humblement la paix, et Tonty l'accorda. Puis il écrivit une autre lettre à son chef et la remit au chef des Quinipissas , lui disant de la remettre à La Salle s'il venait un jour dans cette région. L'Indien s'accrochait à cette lettre comme à un trésor sacré et, treize ans plus tard, la remit fièrement entre les mains d'un chef blanc qui avait remonté le fleuve depuis la mer.

Tonty et ses compagnons ont continué leur voyage. Lorsqu'ils atteignirent l'embouchure de l'Arkansas, certains hommes demandèrent l'autorisation d'implanter une nouvelle colonie française sur une parcelle de terre que La Salle avait concédée à Tonty quatre ans auparavant. Tonty était disposé ; C'est ainsi que Jean Couture et plusieurs autres campèrent sur les rives de la rivière Arkansas, près de son embouchure, et regardèrent leurs camarades passer sans eux. Ensuite, ils ont construit une maison en rondins entourée d'une palissade de pieux. C'était une petite colonie, mais elle revêtit une étrange importance dans l'histoire des trois années suivantes.

Le 24 juin, l'équipe de recherche déçue fut accueillie sur le haut rocher du fort Saint-Louis. Mais Tonty ne pouvait pas rester au fort. Emmenant avec lui deux chefs de l'Illinois, il remonta la rivière et traversa les Grands Lacs jusqu'à l'endroit où Denonville l'attendait pour lui parler.

Les plans d'un grand rassemblement des ennemis des Iroquois prirent rapidement forme. Les deux chefs de l'Illinois, qui revenaient de la visite au gouverneur canadien à la fin de 1686, étaient pleins d'anecdotes qui émouvèrent leur peuple. Des coureurs, envoyés du fort, informèrent toutes les tribus que la guerre allait avoir lieu au printemps et leur demandèrent de rejoindre Tonty au fort Saint-Louis.

Lorsqu'avril 1687 arriva, le fort sur le rocher vit la fumée s'élever de nombreux incendies, car Tonty organisait un festin de chiens pour ses guerriers indiens. L'Illinois, les Shawnees, les Mohegans et les Miamis se sont rassemblés pour la mêlée. La Forest était déjà parti avec une bande de Français ; Durantaye et Du Luth rassemblaient leurs guerriers sur le lac ; et à la fin du mois d'avril, Bellefontaine, laissée avec vingt hommes à la tête du fort, regarda Tonty avec seize Français et la bande de braves indiens partir pour la guerre en Extrême-Orient.

CHAPITRE XXV

NOUVELLES DE LA SALLE

Le printemps et l'été se passèrent tranquillement le long de la rivière Illinois. Tonty et son armée combinée n'étaient pas encore revenus de la guerre des Iroquois ; et ceux qui étaient restés chez eux pour protéger le fort et les villages ne trouvèrent aucun envahisseur pour les molester. Boisrondet , le commissaire du fort, s'occupait des champs des Français. Les Indiens eux aussi plantaient leurs récoltes et les entretenaient. Les braves visitaient de temps en temps la petite garnison, chassaient et pêchaient, jouaient davantage avec les noyaux de cerises et profitaient surtout du soleil.

Septembre était à moitié terminé et rien ne venait encore briser la monotonie. Le quatorzième du mois était un dimanche, et peut-être, dans le fort, le père Allouez, en robe noire, malade et confiné dans sa chambre, prenait-il un peu conscience de cette journée. Mais pour les Indiens, un jour était comme un autre. Il se trouve qu'un groupe d'entre eux se trouvait en début d'après-midi dans les champs en aval du fort. Soudain, l'un d'entre eux, un Shawnee nommé Turpin, regardant le ruisseau scintillant au soleil, aperçut une pirogue indienne approcher. En un instant, il fut au bord de l'eau, scrutant avec des yeux avides les occupants de la barque. Ils se rapprochèrent, furent à égalité avec lui, passèrent en amont ; mais il n'en reconnut aucun. Il y avait un grand Français, deux hommes en robe sacerdotale, deux autres hommes blancs et plusieurs Indiens étranges. D'où venaient ces hommes ? Personne ne savait qu'ils descendaient la rivière.

Les étrangers passés, Turpin se glissa à travers champs et revint plus haut au bord de la rivière. Cette fois, les hommes dans la pirogue l'appelèrent. Ils étaient du parti de La Salle, disaient-ils. Pendant un moment, l'Indien les étudia attentivement. Puis, saisissant le nom de La Salle, il partit en courant vers le fort. Il gravit le sentier escarpé comme sur des ailes et fit irruption dans l'entrée palissadée en criant que La Salle arrivait.

Boisrondet et le forgeron sautèrent hors de l' enclos d'un bond , et descendirent le flanc du rocher et contournèrent la base jusqu'à la rive de la rivière, ils allèrent plus vite que l'Indien n'était venu. Mais un autre Français et un groupe d'Indiens les précédaient et conduisaient déjà les hommes blancs vers le fort. Pleins de surprise et de joie, Boisrondet et son camarade embrassèrent les étrangers, qui étaient au nombre de cinq. Le regard vif de Boisrondet les parcourut tous, puis se tourna vers la rivière.

« Mais où est La Salle ? Il a demandé. Des deux hommes qui répondirent, l'un était un homme robuste et honnête, l'autre un prêtre. Le curé était l'abbé Cavelier , propre frère de La Salle ; son compagnon était Henri Joutel , un disciple de confiance du chef perdu. La Salle, disaient-ils, les avait accompagnés pendant une partie du chemin et les avait laissés à une quarantaine de lieues du village de Cenis ; et lorsqu'il les quitta , il était en bonne santé.

S'il y avait quelque chose de particulier dans leur réponse, Boisrondet n'en prit pas sérieusement note sur le moment. Il n'a pas non plus remarqué le silence du frère en robe grise qui se tenait à côté des orateurs. Il était trop joyeux des nouvelles de son chef et écoutait d'une oreille attentive lorsqu'ils ajoutaient qu'ils avaient ordre de La Salle de se rendre en France pour rapporter ses voyages et apporter du secours.

Il était deux heures de l'après-midi lorsqu'après l'échange de salutations, tout le groupe monta vers le fort qui domine le paysage. Les salves des canons de la garnison les saluèrent, et le commandant Bellefontaine s'avança pour les saluer. Puis les étrangers se rendirent à la petite chapelle pour rendre grâce en ce sabbat de septembre pour leur arrivée saine et sauve entre amis.

Le père Allouez, malade dans sa chambre, reçut avec inquiétude la nouvelle de l'arrivée au fort d'un groupe de hommes de La Salle. La Salle était-elle parmi eux ? Avec un grand soulagement, il apprit que ce n'était pas le cas. Allouez fit dire qu'il aimerait s'entretenir avec quelques convives ; C'est ainsi que le frère de La Salle et le tranquille père Douay, accompagnés de Joutel , entrèrent dans la chambre du malade.

Au début, ils parlèrent d'autres sujets : des affaires de la lointaine France, de l'éradication de l'hérésie du calvinisme et de la trêve de vingt ans avec l'empereur. Enfin le malade les interrogea sur La Salle. Comme ils l'avaient dit à Boisrondet , ils dirent maintenant à Allouez que La Salle se portait bien lorsqu'ils se séparèrent de lui — et ils ajoutèrent que lui aussi avait projeté de venir dans le pays des Illinois et qu'il y serait peut-être avant peu. Alors l'air d'appréhension s'accentua sur le visage d'Allouez. En sortant de la chambre du malade, les trois hommes se demandèrent pourquoi le curé semblait si mécontent de la venue de La Salle.

L'arrivée des cinq hommes du groupe de La Salle fut une pause bienvenue dans la monotonie de la vie dans la petite colonie ; et la garnison et les Indiens auraient été heureux de les avoir retenus. Mais ils avaient hâte de continuer, notamment l'abbé Cavelier , qui semblait impatient de retarder. Il demanda à Boisrondet un canot et des hommes pour les emmener vers les Lacs, car les guides de l'Arkansas qui les avaient fait remonter le fleuve devaient maintenant retourner avec leur canot vers les leurs. Oui, répondit Boisrondet , il avait un canot, mais la difficulté était de trouver des hommes compétents pour les guider. Mercredi, cependant, trois canotiers sont arrivés de Mackinac et ont accepté de conduire le groupe jusqu'à ce poste.

Quatre jours après leur arrivée au fort, les visiteurs étaient de nouveau en route vers les Lacs et le Canada avec des Indiens Shawnee pour transporter leurs provisions. Lorsqu'ils atteignirent le lac de l'Illinois, les vagues atteignaient une hauteur alarmante et les tempêtes les retinrent à terre pendant une semaine ou plus. Finalement, abandonnant par désespoir, ils firent demi-tour, enterrèrent leurs provisions dans une cache et traversèrent la campagne jusqu'au fort.

Déjà, les guerriers indiens du groupe de Tonty revenaient avec la bonne nouvelle d'une défaite écrasante de la nation Sénèque des Iroquois. Tonty, avec ses Français et leurs alliés indiens, avait vaillamment participé au grand raid de juillet et était maintenant sur le chemin du retour. La colonie prit une nouvelle vie, à mesure que chaque groupe entrant augmentait la joie des Indiens.

Enfin, le 27 octobre, Tonty lui-même descendit la rivière et gravit le sentier menant au fort Saint-Louis. Les canons rugissaient, les hommes du fort se pressaient autour de lui et des Indiens admiratifs s'accrochaient à ses pas. Mais ces cinq inconnus ! Les yeux de Tonty tombèrent sur la longue robe et le visage sacerdotal de l'abbé Cavelier . Le frère de La Salle ici dans son fort ! Il connaissait bien le visage, et il n'aimait pas son propriétaire ; mais il avait fait partie du groupe perdu . Qu'en est-il alors de La Salle ? Les questions du commandant à la main de fer furent rapides et intenses.

L'abbé et Joutel racontèrent encore leur histoire. La Salle était venu de l'extrême côte sud-ouest avec eux presque jusqu'aux villages des Indiens Cenis qui vivaient à l'ouest de l'Arkansas, et il les avait laissés là ; et lorsqu'il les quitta , il était en bonne santé. A côté du petit groupe se tenait le père Anastase Douay, aux lèvres silencieuses. Le marin Teissier ou le jeune Cavelier , neveu de La Salle et de l'abbé, n'ajoutèrent rien non plus à l'histoire.

Tonty prêtait peu d'attention à leur silence ; car dans son esprit se trouvait la seule grande pensée que La Salle était vivant et qu'il pourrait atteindre le fort à tout moment. Quatre ans auparavant, son chef bien-aimé était parti du fort de l'Illinois pour le Canada et la France ; et trois ans auparavant, il avait quitté la France pour l'embouchure du Mississipi. Pendant tout ce temps, alternant entre l'espoir et le sombre désespoir qui, ces derniers temps, s'était si souvent abattu sur son âme, Tonty avait attendu, espérant chaque jour des nouvelles de son chef disparu. Maintenant, c'était arrivé.

Tonty n'avait guère aimé le frère aîné sacerdotal de son ami ; car autrefois l'abbé Cavelier , avec ses manières captives, ses plaintes et ses intrigues, avait été une source de bien des ennuis pour La Salle. Mais que ces choses soient oubliées maintenant, car l'homme est venu apporter des nouvelles, une bonne nouvelle du chef perdu. C'est ainsi qu'entre les murs du fort Saint-Louis, dans les profondeurs sauvages de ce pays indien, Tonty écouta l'abbé et Joutel raconter l'histoire qu'il attendait si longtemps d'entendre, le récit des aventures de trois années anxieuses et passionnantes.

CHAPITRE XXVI

UN VOYAGE MALÉTOILE

Le 24 juillet, trois longues années auparavant, ces cinq hommes usés par les intempéries et leurs camarades avaient vu les rivages de France disparaître lentement de leur vue. Vingt-quatre navires étaient partis ce jour-là du port de Rochelle. Vingt d'entre eux s'éloignèrent bientôt des autres et tournèrent leur proue vers l'embouchure du Saint-Laurent et la Nouvelle-France ; les quatre autres ont continué seuls.

À bord des quatre navires se trouvaient près de trois cents âmes, embarquant pour un voyage qu'aucune d'entre elles n'avait fait auparavant. L'un des bateaux, le Joly, navire de guerre, transportait une trentaine de pièces de canon. Mais il transportait aussi des marchandises plus précieuses. Monsieur Beaujeu , homme fier et audacieux, en était le capitaine ; et avec lui, comme chef de la colonie qui se porta ainsi à la gloire du roi de France, se trouvait Robert Cavelier , sieur de La Salle. Agité et ambitieux comme toujours, il sentait maintenant sous ses pieds le roulement des ponts que le roi lui avait donné en toute hâte pour trouver l'embouchure du fleuve Mississippi et y implanter une colonie qui serait le début d'un grand nouvel empire au cœur. de la nature sauvage américaine.

Le roi de France avait entrevu la vision de La Salle sur l'avenir de la Grande Vallée. Il avait également écouté La Salle murmurer à ses oreilles avides l'histoire de la façon dont les Espagnols détestés, accrochés pendant de nombreuses années aux riches terres du Mexique, allaient tomber sous les attaques des Français, aidés par les hordes d'Indiens que ils recruteraient dans la colonie autour de Fort St. Louis et dans la basse vallée du Mississippi.

Dans les quatre navires se trouvaient cent soldats ; et comme les colonies en ont besoin, il y avait des charpentiers, des outilleurs, des boulangers, des tailleurs de pierre et des ingénieurs. Il y avait aussi des prêtres et des frères, entre autres le frère de La Salle, l'abbé Cavelier , et le père Anastase Douay. À bord de l'un des navires se trouvait la figure énergique du Père Membré , qui n'était pas étranger à la Grande Vallée du Mississippi. Il y était entré avec La Salle, et n'en avait guère lutté plus tard avec son ami à la main de fer après le raid des Iroquois. Il était revenu avec le vaillant groupe qui avait parcouru toute la vallée jusqu'à la mer, et c'était lui qui avait porté la nouvelle du voyage au Canada et en France. Il restait néanmoins accroché aux côtés de son chef, ami fidèle qu'il était.

Né dans la même ville de Rouen que La Salle était un homme nommé Henri Joutel . Lorsqu'il n'était qu'un jeune garçon, il s'était engagé dans l'armée, et après avoir servi environ seize ans, il était revenu dans sa ville natale à temps pour rejoindre d'autres qui embarquaient avec leur citadin pour la traversée de la mer. Enfin, ces quatre navires abritaient une poignée de femmes et de jeunes filles prêtes à affronter les périls de la mer et les redoutables dangers d'une terre étrangère.

C'est ainsi qu'ils avaient navigué, une compagnie de colons de toutes classes et de toutes descriptions – hommes bons et méchants, hommes courageux et faibles, ouvriers et drones, gentilshommes et paysans vaillants, nobles débauchés et racaille des villes portuaires ; des hommes qui ont pris leur charge et ont enduré les épreuves, la maladie et le désespoir ; et des hommes que Joutel déclarait aptes à manger seulement une partie des provisions.

Jamais l'esprit invincible de La Salle n'avait essuyé des coups aussi obstinés qu'aujourd'hui. En premier lieu, les arrangements du voyage étaient presque fatals au succès, car la compagnie avait deux chefs, chacun étant un homme habitué à commander seul et impatient de toute autre autorité. Beaujeu , vieil officier de marine qui était capitaine de la flotte, ne voyait pas grand-chose en La Salle et le considérait comme un rêveur, sinon comme un fanatique. La Salle, chef de la colonie, ayant autorité pour déterminer la route à suivre, regardait Beaujeu avec méfiance , tenait lui-même conseil sur ses plans et considérait le capitaine comme son ennemi et le principal obstacle au succès de sa mission. . Avant même que les navires ne mettent à la voile, ces deux hommes eurent des querelles, et en pleine mer ce n'était pas mieux.

Des années d'expériences amères, d'épreuves dans le désert, de périls quotidiens et nocturnes, de déceptions et de pertes, avaient endurci la volonté de La Salle ; et ces années n'avaient pas adouci une certaine froideur et une certaine dureté de manières qui lui faisaient perdre de nombreux amis. La suspicion et le doute à l'égard de ses semblables s'approfondissaient dans son cœur à chaque tour de sa roue de la fortune. Malgré tout son pouvoir remarquable sur les Indiens, il ne parvenait jamais à comprendre et à se faire aimer des hommes de sa propre race qu'il commandait. Naturellement, avec sa compagnie bâtarde de voyageurs, les choses allèrent malheureusement mal. Personne n'appréciait mieux que Tonty, en écoutant le conte de l'abbé et de Joutel , combien les aventures et les épreuves telles que la fête était destinée à éprouver chaque homme et à le montrer pour un vrai homme, un fripon ou un faible.

A l'île de Saint-Domingue, le Joly fit port et s'arrêta, attendant le reste de la flotte qui avait pris du retard. Il y avait cinquante malades dans la compagnie, parmi lesquels La Salle. Mais il y avait beaucoup à faire à terre. Alors qu'il se promenait un jour avec Joutel dans les rues de la petite ville de Petit Gouave , La Salle fut pris d'une soudaine faiblesse et tomba à terre. Joutel l'emmène au plus vite dans une maison louée provisoirement par les frères Duhaut , deux membres de la compagnie de La Salle. Avant qu'il ne redevienne lui-même, un des Duhaut lui dit imprudemment que des boucaniers espagnols avaient capturé l'un des quatre navires, et aussitôt sa maladie revint. Joutel et l'abbé parlaient peu à Tonty de l'aîné de ces Duhaut , mais dans leur esprit ils pensaient à lui avec une haine qui n'avait aucun fondement dans l'histoire qu'ils racontaient.

Pendant plusieurs semaines, La Salle et ses voyageurs furent retenus à Saint-Domingue, rassemblant des fournitures pour le reste du voyage. Une plus grande partie de l'entreprise tomba malade ; et certains, craignant les dangers à venir, désertèrent. Finalement, ils s'enfuirent fin novembre et naviguèrent vers l'ouest le long de la côte sud de Cuba. Bientôt, ils eurent dépassé la longue île et tourné la proue de leurs navires vers les rives du golfe du Mexique.

Deux ou trois jours avant la fin de l'année 1684, ils aperçurent terre. Pensant qu'ils étaient près de la baie des Appalaches , ils naviguèrent vers l'ouest, dans le vent froid, la pluie et le brouillard, espérant chaque jour retrouver l'embouchure du Grand Fleuve. Parfois, ils débarquaient des hommes pour explorer l'embouchure d'une rivière ou un lagon. Un jour, le 6 janvier, ils arrivèrent à ce qui semblait être l'embouchure d'une baie avec une île au milieu, mais La Salle, toujours convaincu que le Mississippi était loin à l'ouest, poursuivit son chemin le long de la côte. À la fin du mois de janvier, ils trouvèrent que la côte s'orientait de plus en plus vers le sud, et même La Salle commençait à penser qu'ils avaient dépassé le fleuve qu'ils cherchaient.

Enfin, ils débarquèrent sur le bord d'une baie où une rivière coulait jusqu'au golfe, et le chef perplexe de la colonie errante décida qu'ils avaient trouvé l'embouchure ouest du Mississippi. L'un des navires, entré dans la baie sous la mauvaise gestion du pilote, s'est échoué et s'est brisé. Désespéré, La Salle chargea ses hommes de sauver la cargaison. Au prix de grandes difficultés, les provisions et les munitions furent récupérées du navire condamné et empilées sur le rivage solitaire. Pendant la longue nuit qui suivit, des Indiens hostiles rôdaient avides de pillage, et des sentinelles se promenaient sur le sable, veillant parmi les précieux coffres et tonneaux, tandis que la misérable bande de colons essayait de s'endormir.

Si décourageant que fût ce début, de plus grands malheurs ne tardèrent pas à arriver dans la colonie. Le neveu de La Salle, Moranget , impétueux et imprudent, visita un village indien avec quelques hommes pour faire du commerce et rechercher des biens volés ; et quand ils prirent congé, ils s'enfuirent avec des couvertures et des canoës indiens. À leur retour, ils campèrent la nuit, leur sentinelle dormit et les Indiens se glissèrent sur eux. Des cris de guerre s'élevèrent dans les airs et une volée de flèches tomba sur le groupe d'hommes blancs endormis près du feu couvant , tuant deux membres de la compagnie. Moranget réussit enfin à atteindre le camp par le rivage avec la mauvaise nouvelle aux lèvres et une flèche dans l'épaule.

Personne ne connaissait mieux que La Salle les conséquences néfastes qui résulteraient sûrement de telles relations avec les Indiens ; mais il n'y avait plus rien à réparer maintenant. La malchance soufflait à tous les vents ; En surveillant constamment les Indiens rôdeurs, en luttant contre les incendies de prairie qui menaçaient d'atteindre les provisions et la poudre à canon, et en enterrant le long du rivage sablonneux ceux de la compagnie qui tombaient malades et mouraient, la colonie de La Salle faisait de misérables progrès.

Laissant cent trente membres de la compagnie à la tête du Joutel , La Salle avec une poignée d'hommes partit en exploration. Il revint avec son esprit obstiné, convaincu qu'il n'était pas aussi près du Mississipi qu'il l'avait supposé. Sans aucun doute, lui et tous ses hommes étaient perdus.

Beaujeu et une partie de la compagnie étaient déjà partis ; ils revenaient en France pour raconter à leurs amis que La Salle avait été débarqué au bord du Golfe, au milieu d'Indiens hostiles et sans savoir avec certitude où il se trouvait. En fait, La Salle avait dépassé l'embouchure du Mississippi de près de quatre cents milles et campait sur les rives de ce qui est aujourd'hui la baie de Matagorda au Texas.

CHAPITRE XXVII

À LA CHASSE AU MISSISSIPPI

Quelque part à l'est, le fleuve Mississippi coulait à travers la Grande Vallée jusqu'à la mer ; et la détermination de La Salle à le trouver s'est approfondie avec ses découragements. Mais ils doivent d'abord rendre l'emplacement proche de la mer habitable comme station de ravitaillement pour une exploration plus approfondie. A cette fin, un fort grossier avait été érigé près de l'endroit où ils avaient débarqué, et Joutel et une partie de la compagnie avaient été laissés aux commandes pendant que La Salle explorait les environs. Bientôt, il tomba sur un site un peu plus en amont de la rivière qui semblait plus approprié pour un fort permanent ; et il envoya donc un message à Joutel pour équarrir les bois prêts pour le nouveau bâtiment et le rejoindre plus tard à cet endroit supérieur.

Dans ces vastes plaines sablonneuses du Southland, il n'y avait pas de hauts rochers comme celui du fort Saint-Louis sur l'Illinois. Mais il y avait une colline qui s'élevait près de la rivière, et ici, de ses propres mains, La Salle dessina les contours du fort et dirigea sa construction. Le nouveau fort prit rapidement forme ; et La Salle, du nom de son saint préféré, l'appela Fort Saint-Louis, et il nomma l'anse où ils débarquèrent la Baie de Saint-Louis.

Avec des poutres équarries, les hommes construisirent une grande habitation et la divisèrent en appartements. Autour de celle-ci, ils bâtirent une palissade et installèrent les huit précieux canons. C'était un endroit agréable. La rivière baignait le pied de la colline au nord et au nord-est et descendait jusqu'à la baie. De l'autre côté de la rivière se trouvait une étendue marécageuse où d'innombrables oiseaux chantaient en leur saison. À l'ouest et au sud-ouest, traversées et retracées par des troupeaux de buffles hirsutes, les plaines s'étendaient à perte de vue.

Çà et là se trouvaient de petits groupes d'arbres, dont beaucoup restaient verts toute l'année. De loin, ces morceaux de feuillage donnaient aux colons solitaires l'agréable image des bosquets des maisons de campagne de la lointaine France. Dans leurs imaginations, ils semblaient voir le pays peuplé de colons blancs au lieu d'Indiens qui rôdaient autour de la nouvelle colonie et tombaient parfois sur leurs chasseurs errants.

La colonie n'avait cessé de diminuer : au cours de l'été, plus de trente personnes étaient mortes de maladie ; certains avaient été tués par les Indiens ; et quelques-uns avaient déserté. Parmi les malades se trouvait l'abbé Cavelier . La Salle, rongé par le désir de retrouver sa rivière perdue, n'attendit que que son frère soit suffisamment rétabli pour l'accompagner. À l'automne, le curé se portait bien, le fort était établi et La Salle se préparait à partir. Mais avant de partir, il appela Joutel à part et lui confia la direction de la colonie, avec l'ordre précis de ne recevoir aucun des explorateurs s'ils revenaient à moins qu'ils n'apportent une lettre de La Salle lui-même contenant le mot de passe : « Au nom de la très sainte Trinité. Puis, alors que le mois d'octobre 1685 touchait à sa fin, La Salle, avec son frère et un bon nombre d'hommes, au milieu des coups de canon, partirent le long de la baie avec tous les canots et la barque La Belle pour chercher ce qu'ils pourraient trouver. vers l'est.

Joutel , qui restait avec trente-quatre personnes, hommes, femmes et enfants, les occupait tous. Il envoya certains comme chasseurs et d'autres pour transporter du bois et achever leurs habitations et leurs entrepôts. De temps à autre, on aperçut des Indiens, mais ils ne s'approchaient pas du fort. Pour leur meilleure protection, Joutel partageait la nuit en gardes et postait avec grand soin des sentinelles, devoir que partageaient même les femmes. Les semaines passèrent et la nouvelle année arriva ; et toujours La Salle n'était pas revenue.

Un soir de la mi-janvier, les hommes et les femmes qui revenaient de leur travail étaient rassemblés dans la maison palissadée sur la colline, lorsque tout à coup la sentinelle leur cria qu'elle entendait une voix venant de la rivière. En toute hâte, les hommes sortirent en courant de la maison et se dirigèrent vers le rivage. Sur l'eau, ils pouvaient voir les contours d'un canot et à bord d'un homme seul, qui criait aux lumières scintillantes de la colonie : « Dominick !

Dominick était le plus jeune des frères Duhaut ; et tandis que le voyageur approchait du rivage, les hommes du fort virent que c'était le Duhaut aîné qui était parti avec La Salle près de trois mois auparavant. Maintenant il revenait seul, Joutel l'interrogeait donc attentivement. Avait-il une lettre de La Salle ? Non. Joutel réfléchit. « Que personne ne revienne au fort sans apporter une lettre de ma part contenant le mot de passe », avait dit La Salle en guise d'adieu. Faut-il renvoyer Duhaut dans le désert ou le jeter aux fers jusqu'au retour du chef ? C'était une situation délicate à laquelle se trouvait confronté Joutel ; mais au moins il pourrait écouter l'histoire de cet homme. Quand Duhaut eut enfin raconté ses aventures, le bon Joutel ne vit aucun inconvénient à le reprendre comme membre de la garnison.

La Salle, disait Duhaut , côtoyait le rivage avec des canots et la Belle depuis plusieurs jours. Une fois, il envoya un groupe de six personnes pour reconnaître le pays. Ils ne revinrent pas et plus tard, une équipe de recherche trouva leurs cadavres le long du rivage où les Indiens les avaient massacrés. La Salle était découragée mais pas complètement découragée. Rassemblant la viande à terre et la séchant pour la conserver, il la chargea avec d'autres provisions à bord de la Belle et ordonna à une partie de ses hommes de rester sur le navire et de rester dans la baie jusqu'à son retour. Puis, avec vingt hommes, il débarqua, coula ses canots et se dirigea vers l'intérieur des terres, espérant toujours rencontrer le Grand Fleuve.

L'aîné Duhaut faisait partie de ce groupe d'explorateurs, ainsi que Moranget , qui avait reçu l'ordre de La Salle de fermer la marche. Or, le sac à dos et les chaussures de Duhaut étaient en mauvais état et il s'arrêta pour les raccommoder. Moranget , venant, le pressa d'avancer ; et Duhaut demanda à son tour à Moranget de l'attendre. Moranget , cependant, ne s'arrêtera pas, mais passera son chemin avec le reste de l'entreprise. Finalement, quand Duhaut leva les yeux, il ne trouva personne en vue. D'un pas précipité, il suivit la direction prise par ses compagnons. Quand la nuit tomba, il était toujours seul dans une plaine pleine de mauvaises herbes et de traces de buffles, mais sans aucune trace d'hommes. Il a tiré avec son arme, mais rien d' autre que l'écho n'a répondu au rapport. Finalement, il s'allongea à ciel ouvert pour dormir.

Le matin venu, Duhaut se leva avec un nouvel espoir et tira encore plusieurs fois ; mais il n'y eut pas de réponse. Il était perdu. Pendant tout ce jour et cette nuit, il resta près du même endroit, espérant que certains membres du groupe pourraient revenir le retrouver. Finalement, comme personne n'arrivait, il résolut de retourner au fort Saint-Louis. Des lieues de désert s'étendaient entre lui et le fort, et il savait bien que dans chaque bosquet d'arbres pouvaient se cacher des Indiens hostiles.

Chaque jour, il restait dans la peur et le suspense, se cachant sous des rondins et des broussailles ; et la nuit, il rentra chez lui en trébuchant. Ses provisions s'épuisèrent et il dut tuer du gibier pour se nourrir, chaque fois avec difficulté et avec un grand danger d'être découvert par les Indiens. Des semaines de cette errance nocturne s'écoulèrent avant qu'il atteigne enfin l'endroit où La Salle avait coulé les canots. Laborieusement, il souleva l'un des bateaux de son lit d'eau et pagaya dans la baie. Quand le vent soufflait, il hissait sa chemise pour faire une voile. Finalement , il atteignit le fort après un mois de voyage, échappant miraculeusement à la mort des ennemis indiens et subissant des épreuves presque incroyables. Joutel n'avait pas la force de refuser d'accepter cet homme. Il se contenta de le surveiller attentivement pendant quelques jours, mais ne vit rien qui puisse éveiller des soupçons ou du mécontentement.

L'un des postes favoris de Joutel était le toit de la maison, d'où il pouvait voir dans toutes les directions. C'est de ce belvédère, environ deux mois après le retour de Duhaut , qu'il aperçut au loin, à travers les plaines, un petit groupe d'hommes. Se précipitant, il rassembla quelques-uns de ses hommes, les mit sous les armes et s'avança pour voir qui pourraient être les nouveaux venus. C'étaient La Salle, l'abbé, Moranget et cinq ou six autres. Leurs vêtements étaient en lambeaux et usés au-delà de toute description. Il n'y avait guère dans la soirée un chapeau ni un vêtement entier, et la soutane de l'abbé pendait en lambeaux sur lui.

La Salle avait envoyé certains de ses hommes à la recherche de la Belle. Le lendemain du retour de La Salle, eux aussi arrivèrent au fort et rapportèrent qu'ils ne parvenaient pas à retrouver le navire. On apprit plus tard que la barque s'était échouée et que l'équipage avait été contraint de l'abandonner. Ainsi le dernier des navires avait disparu et avec lui l'espoir d'aller chercher de l'aide aux Antilles.

La Salle avait voyagé loin, mais il n'avait pas trouvé grand-chose pour l'encourager dans ses voyages. Pourtant, comme un feu follet, le désir de retrouver la rivière ne le laissait pas se reposer. A peine un mois resta-t-il au fort. C'est au cours de ce mois que Tonty était à l'embouchure du Mississippi à la recherche de son chef perdu, le cœur lourd.

Fin avril, La Salle s'aventura de nouveau avec une vingtaine d'hommes, cette fois à pied. Encore une fois, l'abbé et Moranget étaient de la partie ; et avec eux se trouvaient Dominick Duhaut , un boucanier allemand nommé Hiens , un chirurgien, et une douzaine d'autres, préparés par constitution pour les épreuves et le danger.

Une fois de plus, Joutel se retrouva responsable de la colonie qui prospéra sous sa direction. Tout autour de la maison, il planta des céréales, des légumes et des melons. Il répare les bâtiments et plante ici et là des vignes grimpantes. Le Père Membré possédait son propre potager. Le gibier étant assez abondant, Gabriel Barbier fut envoyé comme chef des parties de chasse, et quelques femmes et jeunes filles accompagnèrent le gibier pour aider à le dresser. Au fort, il y avait des entraînements au tir et des prix étaient offerts pour l'adresse au tir. Étant quelque peu limité en munitions, Joutel chargea ceux qui dressaient le gibier de chasse de rechercher la balle ; et souvent la même balle servait à abattre plusieurs animaux.

Parfois les chasseurs rencontraient les Indiens et une fois plusieurs hommes étaient blessés ; et pourtant ils furent peu inquiétés. Le soir, dans la maison, la compagnie restait de bonne humeur avec de la musique et des danses. L'été 1686 se passa donc assez confortablement.

Ce n'est qu'en août que La Salle revint ; et quand il est venu, c'était avec seulement un fragment de sa bande. Une partie de ses hommes s'était séparée du reste et ne revenait jamais – et le jeune Duhaut faisait partie des perdus. Cette fois, La Salle rapporta avec lui cinq chevaux et rapporta qu'il avait voyagé vers le nord-est jusqu'aux villages des Indiens Cenis. Mais il n'avait pas trouvé le fleuve Mississippi.

Le chef intrépide prévoyait maintenant de rassembler un groupe qui, avec des provisions et des fournitures chargées sur les cinq chevaux qu'il avait achetés, se dirigerait vers le fort Saint-Louis, sur la rivière Illinois, où attendaient Tonty et ses hommes, et de là continuer. au Canada et en France pour apporter aide et ravitaillement à la colonie du Golfe. Il demande à Joutel de se joindre à la fête, tandis que Gabriel Barbier est chargé du fort et des hommes et des femmes qui y restent.

C'était un homme avec une histoire, ce Gabriel Barbier . Environ huit ans auparavant, alors qu'il était au service de La Salle, d'autres hommes l'avaient persuadé de déserter avec eux. La Salle se rendit dans la région des Illinois, construisit le fort Crèvecœur et, au printemps 1680, retourna au Canada pour s'approvisionner. Cet été-là, Barbier vint le supplier de le reprendre, et La Salle consentit. Il avait descendu le Grand Fleuve avec son chef en 1682 et avait été un membre précieux du parti ; et maintenant, après avoir été encore éprouvé par les expériences de l'expédition dans le Golfe, il fut placé par son chef dans une position de confiance et de pouvoir.

CHAPITRE XXVIII

DU GOLFE À L'ILLINOIS

Dix-sept hommes partirent à pied, au début de janvier 1687, pour voyager du fort Saint-Louis, sur le golfe du Mexique, à l'autre fort Saint-Louis, sur la rivière Illinois, soit un voyage de plus de mille milles. Ils ne connaissaient ni sentiers à suivre, ni ponts pour traverser les rivières ; et dans une large mesure, ils devaient rassembler leur nourriture au fur et à mesure. Ils doivent dormir là où la nuit les trouve ; et ils devaient faire confiance aux Indiens dont ils traversaient le pays pour les traiter en amis et leur donner des conseils sur le chemin, car à leur connaissance, il n'y avait aucun homme blanc sur toute la distance entre les deux forts. Ils partirent pourtant courageusement : La Salle et son frère et ses deux neveux (Moranget et le jeune Cavelier), Joutel et le père Douay, Duhaut l'aîné et son homme L'Archevêque , qu'il avait récupéré à l'île de Saint-Domingue, Liotot le chirurgien et Hiens le boucanier, un jeune garçon nommé Pierre Talon que La Salle envisageait de laisser au village de Cenis pour apprendre leur langue, et une demi-douzaine d'autres.

Le Père Membré , plein de chagrin, resta avec Barbier et le groupe au fort et vit la mince bande d'explorateurs s'élancer à travers les plaines, leurs cinq chevaux chargés de provisions pour un long et pénible voyage. C'était l'hiver dans le Southland, les pluies tombaient fréquemment et les marécages et les ruisseaux gonflés leur bloquaient le passage. Parfois, pendant des jours, ils marchaient tristement le long des berges humides des rivières, à la recherche d'un endroit où passer à gué. Parfois, ils utilisaient des rondins pour traverser, mais finalement ils trouvèrent les ruisseaux si larges qu'ils s'arrêtèrent et fabriquèrent des bateaux portables avec des peaux de bison.

Le gibier ne manquait pas ; et les larges sentiers des buffles servaient souvent de sentiers. À maintes reprises, le groupe rencontrait des Indiens, avec lesquels La Salle se liait presque invariablement d'amitié. Parfois il visitait leurs camps de chasse et fumait avec eux la pipe de la paix. D'autres fois, il les appelait dans son propre camp pour fumer et manger, puis il les renvoyait heureux avec des cadeaux. Ils tombèrent sur des villages indiens avec des huttes rondes comme des fours français, et s'arrêtèrent pour échanger des perles et des haches contre un cheval ou des provisions ou des peaux de cerf contre des mocassins frais, écoutant entre-temps les récits des guerres indiennes ou des Espagnols d'où venaient leurs chevaux. . Ils traversèrent les rivières aujourd'hui connues sous le nom de Colorado et de Brazos et se rapprochèrent de la rivière Trinity.

Nombreuses furent les aventures que Joutel et l'abbé racontèrent à Tonty au fort Saint-Louis sur l'Illinois. Avant d'atteindre le village de Cenis, disaient-ils, La Salle s'était séparé d'eux, mais avait l'intention de les suivre bientôt. Il était en bonne santé lorsqu'il les a quittés. Sans leur chef, ils avaient poussé jusqu'au village des Cenis, et de là ils se rendirent avec des guides dans les villes de l'Arkansas.

C'était le 24 juillet 1687, trois ans jour pour jour après avoir quitté le port de la Rochelle, lorsqu'ils arrivèrent enfin dans un village au bord de l'Arkansas et aperçurent sur la rive du fleuve une maison bâtie comme celle de l'Arkansas. les maisons des Français et la croix bénie s'élevant droit vers le ciel. De la maison sur le rivage accoururent deux hommes blancs pour les accueillir. Il s'agissait de Jean Couture et de De Launay, deux des hommes que Tonty avait laissés là au retour de son voyage à l'embouchure du Mississippi l'année précédente. Au village, les Arkansas ont dansé la danse du calumet devant l'abbé. Plus tard, Couture accompagna les cinq hommes jusqu'au village des Kappas , d'où, avec des guides de l'Arkansas et un canot indien, ils avaient remonté le Mississippi et l'Illinois et atteint le fort Saint-Louis au mois de septembre.

Telle était en bref l'histoire que les deux hommes, frère et compagnon de La Salle, racontèrent à Tonty sur le haut rocher du fort Saint-Louis. L'Homme à la Main de Fer écoutait chaque mot avec une émotion intense. Près de dix ans auparavant, il avait pris parti pour La Salle. Avec lui et pour lui, il avait littéralement eu faim, souffert et saigné. Il avait donné ce qu'il possédait de biens matériels, et il avait mis son temps, sa force, tout son être dans la balance pour soutenir les plans de son chef. Il le connaissait comme peu d'hommes – il connaissait ses défauts aussi bien que ses grandes capacités – et il l'aimait. Souvent, il lui avait fait des remontrances au sujet de certaines actions ou méthodes qui lui avaient fait perdre la faveur de ses hommes ; mais il a également vu l'ampleur et la puissance de la vision de son leader.

À maintes reprises, il avait cru son ami perdu et mort, comme on le lui avait dit si fort autrefois, alors qu'il vivait presque seul dans le village de Kaskaskia. Désespéré, il avait parcouru le Grand Fleuve jusqu'à son embouchure, ne rêvant guère, lorsqu'il remit la lettre entre les mains du chef Quinipissa , que La Salle était dans le désert à plus de cent lieues à l'ouest.

Mais maintenant arrivait la nouvelle que La Salle était vivant et en bonne santé et qu'il arrivait peut-être rapidement sur les traces de ses hommes jusqu'à la citadelle du haut rocher où Tonty, Boisrondet et d'autres camarades fidèles attendaient et rêvaient de sa venue depuis quatre longues années. . Oui, il était en route vers le pays des Illinois dont les Indiens ne l'oubliaient jamais, mais l'aimaient comme l'un de leurs grands chefs. Il revenait aux Kaskaskias dont il avait restauré la maison, aux Shawnees qu'il avait rassemblés au pied de son grand fort, aux Miamis dont il avait ressuscité le chef en sa propre personne. Pour Tonty aussi, c'était comme un retour d'entre les morts, après ces années de désespoir. Ainsi, dans sa joie, il ne prêtait guère attention au moine tranquille en robe grise ou au marin Teissier , qui se déplaçait si silencieusement parmi les bâtiments du fort.

Toute la colonie située sur la rivière Illinois – villages indiens et garnison française – était en effervescence cet hiver-là. Rien n'était trop beau pour les hommes du parti de La Salle. Autour des incendies dans les quartiers des Français, les hommes se rassemblaient pour chanter des chansons et raconter des histoires d'aventures, de batailles et de pays étranges, et pour parler de celui qui venait.

Il y avait une grande bonne humeur particulièrement parmi les loges indiennes , car le père blanc était vivant et sur le chemin du retour vers leurs villages et leurs feux de camp. Il y avait aussi de la joie parmi les tribus à cause des raids menés par les Illinois. Il semblait que le fléau iroquois était définitivement chassé de la vallée, alors que des bandes d'Illinois laissaient les loges aux femmes et aux vieillards et se mettaient sur la trace des Iroquois. Ils rapportaient des scalps à la maison et aux captifs, et de nombreuses brûlures par lesquelles ils payaient les intérêts de leur dette de vengeance. Avec Tonty à New York, ils avaient dévasté les champs iroquois, et maintenant leur bonne fortune continuait. Ainsi, les hommes blancs et rouges étaient heureux ensemble.

Les cinq hommes venus au fort en septembre étaient impatients de poursuivre leur voyage, et Tonty leur promettait toute l'aide en son pouvoir dès que le printemps rendrait le voyage possible. Mais malgré toute leur hâte, il y en avait un qui semblait encore plus anxieux. Le curé Allouez, guéri de sa maladie, ne perdait pas son apparente crainte de l'approche de La Salle. Le printemps, arrivant à grands pas, augmentait son inquiétude à peine dissimulée ; et lorsqu'en mars la voie devint quelque peu ouverte, le jésuite en robe noire fut le premier à se glisser hors du fort et à remonter la vallée vers ses amis du lac.

Alors l'abbé et ses quatre compagnons se préparèrent à partir. Mais ils doivent avoir les moyens d'acheter de la nourriture et du transport pour se rendre au Canada et en France. L'abbé montra donc à Tonty une lettre de La Salle, demandant à Tonty de fournir de l'argent ou des fourrures à son frère l'abbé. Tonty, avec la plus grande satisfaction, leur fournit ce dont ils avaient besoin pour le voyage, et à la fin du mois de mars, les cinq hommes du groupe de La Salle, accompagnés de guides pour les accompagner, quittèrent le haut rocher pour leur long voyage de retour.

Après avoir fait ses adieux aux cinq hommes, Tonty tourna son attention vers le fort qui devait être préparé pour la venue du maître. Mois après mois passaient et il espérait chaque jour voir un ou plusieurs canots couper les eaux de l'Illinois loin en aval. L'été est passé et pas de La Salle. Septembre est arrivé sans amener le leader. La Salle avait désormais un an de retard sur son groupe précurseur. Mais un jour, un canot apparut sur le ruisseau en contrebas du fort, et à bord se trouvaient un Français et deux Indiens. Tonty, plein d'enthousiasme, s'empressa de les accueillir. Ce n'était pas La Salle : c'était Couture, l'homme de Tonty, du poste de l'Arkansas. Mais il est sûrement venu avec des nouvelles de La Salle ; et des questions si rapides sautèrent à Couture presque avant qu'il ne soit au son de la voix de Tonty.

CHAPITRE XXIX

QUAND IL LES A QUITTÉ

Couture apporta effectivement des nouvelles de La Salle. Dans les murs palissadés qui couronnaient le rocher du Fort Saint-Louis, l'Homme à la Main de Fer écoutait maintenant une histoire qui endurcit son âme de colère et de désespoir. L'abbé et Joutel lui avaient beaucoup dit, mais ils ne lui avaient pas tout dit. D'après ce que dit Couture, il devint évident que lorsque l'abbé et son groupe atteignirent le poste sur l'Arkansas, ils avaient raconté des choses qu'ils n'avaient pas racontées ensuite au fort Saint-Louis. Ainsi, grâce au récit de Couture, reconstitué par d'autres détails appris plus tard, Tonty connut le véritable cœur de l'histoire que l'abbé et Joutel n'avaient racontée qu'à moitié.

Le fil de l'histoire cachée remontait au début du voyage depuis la France. Pendant la traversée de la mer, le mécontentement grandissait parmi les hommes, qui se transformait en intrigues au moment du débarquement. Tandis que Joutel et une partie de la colonie gardaient les approvisionnements sur le rivage et équarrissaient le bois destiné au fort en amont, les aveux d'un des hommes lui permirent de déjouer un complot visant à tuer Le Gros, qui gardait l'entrepôt, et lui-même. volez des armes et des fournitures dans l'entrepôt et désertez dans la nature. Joutel remit les hommes à La Salle, mais l'incident ne fit pas suffisamment impression sur sa propre nature peu méfiante. Quand, quelques mois plus tard, Duhaut revint seul de la première expédition de La Salle, Joutel se contenta de le surveiller de près pendant quelques jours. Lorsque La Salle partit pour sa deuxième expédition, Duhaut resta avec les hommes au fort.

À mesure que les semaines d'absence de La Salle se prolongeaient en mois, le mécontentement se répandit parmi les membres de la colonie du fort. La Salle était probablement perdue ; en tout cas, il ne semblait pas qu'il revienne. De petits groupes d'hommes se rassemblèrent pour parler de leurs torts. Pourquoi ne pas abandonner La Salle et prendre les choses en main ? Duhaut passait parmi les mécontents avec des mots d'encouragement : sous sa direction les choses seraient différentes. Ayant investi des richesses considérables dans l'entreprise de la colonie de La Salle, Duhaut s'était beaucoup plaint de la mauvaise fortune qui leur était arrivée ; mais malgré toutes les pertes de la colonie, il avait réussi à conserver une grande quantité de marchandises — couteaux, hachettes, tissus pour les vêtements et pour le commerce des Indiens — et ces biens et bien d'autres encore, il promettait maintenant de les partager entre ceux qui le voudraient. suis-le.

Joutel , apprenant les murmures des hommes et les intrigues de Duhaut , appela le conspirateur devant lui avec des paroles acerbes. Plus tard, il sentit qu'il aurait rendu un meilleur service à La Salle s'il avait mis Duhaut à mort sur-le-champ. Après avoir discuté avec les hommes et apaisé leur mécontentement, il essaya d'éviter de nouveaux problèmes en les gardant occupés à travailler autour du fort. Peu de temps après cet incident, La Salle revint de sa recherche du fleuve perdu.

Le groupe qui partit pour la dernière expédition en janvier 1687 n'était pas nombreux, mais il présentait de grandes possibilités de problèmes. Il y avait dans le parti de fervents amis de La Salle, parmi lesquels son neveu impétueux Moranget . Mais Duhaut était également là avec son dévoué outil L'Archevêque et son ami Liotot le chirurgien, un homme qui, comme Duhaut , avait de l'argent investi dans l'entreprise coloniale et était profondément contrarié par l'évolution des affaires.

Pendant plus de deux mois, les dix-sept hommes parcoururent ensemble les prairies jusqu'à ce que, vers la mi-mars, ils approchèrent d'un endroit où La Salle, lors de son précédent voyage dans les villages de Cenis, avait caché quelques provisions.

Ils s'arrêtèrent et La Salle envoya un groupe d'hommes pour apporter la nourriture au camp. C'est le quinzième du mois que partit ce groupe de sept personnes : Duhaut et L'Archevêque , Liotot et Hiens le boucanier, Teissier , un serviteur de La Salle nommé Saget , et Nika, une fidèle Shawnee qui avait traversé deux fois l'océan. avec La Salle et le servit avec un dévouement éternel. Ils n'avaient pas loin à parcourir ; mais ils trouvèrent la nourriture avariée et impropre à la consommation.

Sur le chemin du retour, Shawnee, aux yeux perçants, aperçut deux buffles et, se glissant derrière eux, les tua tous les deux. Les hommes s'arrêtèrent là où ils étaient et renvoyèrent Saget au camp pour dire à La Salle que s'il envoyait des chevaux , ils ramèneraient la viande à la maison. Personne n'étant revenu à la tombée de la nuit, les six hommes dormirent par terre. Le lendemain, ils dépecèrent les buffles et placèrent la viande sur des échafaudages pour la faire sécher. Ensuite, comme c'était l'habitude des chasseurs, ils réservaient les os à moelle et quelques autres portions pour leur propre usage.

Saget revint du camp avec trois hommes, Moranget , De Marie et Meusnier , et des chevaux pour emballer la viande. Or Moranget , le neveu de La Salle, n'était pas le favori des hommes chez qui il venait ce jour-là. Lorsqu'il était malade depuis des semaines au bord de la baie à cause de la flèche qu'une aventure téméraire lui avait logée dans l'épaule, le chirurgien Liotot l'avait soigné avec une patience qu'aucun homme de la colonie n'oubliait ; mais quand il fut rétabli, son caractère hargneux se déchaîna même sur le médecin qui l'avait soigné. Duhaut ne l'aimait pas moins , car il sentait que son long mois d'épreuves perdu dans la nature ne lui serait pas arrivé si Moranget avait été plus patient à l'attendre.

Aucun vent de mars n'a jamais été plus violent que ce jeune homme alors qu'il entra dans le petit camp et voyait la viande sécher sur les échafaudages et les hommes gardant pour eux les os à moelle et autres morceaux. Dans une fureur irraisonnée, il s'empara non seulement de la viande en train de sécher, mais aussi de la part des hommes. Il s'occuperait ensuite de la viande, a-t-il dit, et ne les laisserait pas la manger comme ils le faisaient dans le passé.

Ses paroles tombèrent sur la haine de ces hommes féroces comme une allumette jetée dans la poudre à canon. Les cinq se séparèrent et tinrent conseil. Ils avaient trop longtemps supporté ce jeune parvenu. La nuit tomba, mais les conspirateurs ne dormirent pas. Liotot se leva tranquillement, tandis que Moranget , Nika et Saget dormaient profondément. Hachette à la main, le chirurgien se glissa à côté d'eux et, d'un seul coup, ouvrit la tête du détesté Moranget . Nika et Saget , il les traitait de la même manière.

Pendant ce temps, les autres conspirateurs étaient accroupis, les fusils à la main, prêts à tirer si quelqu'un résistait. Moranget fut seul à remuer. À moitié assis, il haleta et essaya de parler. Alors les meurtriers, pour mettre en cause l'innocent De Marle, qui avait accompagné Moranget , l'obligèrent sous peine de mort à achever la mise à mort de son ami.

Le meurtre avait enfin levé son horrible tête au cours de ce voyage qui avait connu presque tous les autres désastres. Est-ce que ça pourrait s'arrêter là ? Les hommes prirent conseil ensemble. Quelle serait leur chance de survie lorsque la nouvelle parviendrait à leur chef ? Leur seule sécurité consistait désormais à se rendre immédiatement au camp et à tuer La Salle et Joutel . Ils partirent, mais la rivière, gonflée par une forte pluie, les fit s'arrêter pour construire un radeau pour transporter leur viande. Tandis qu'ils étaient ainsi retardés, ils entendirent soudain un coup de feu comme pour un signal. Duhaut et son homme L'Archevêque traversèrent rapidement la rivière et un instant plus tard ils aperçurent au loin La Salle venant les chercher. Duhaut se laissa tranquillement tomber dans les herbes pour attendre son approche. La Salle, accompagné du récollet Douay, s'approcha, aperçut L'Archevêque et l'appela pour savoir où était Moranget . Sans ôter son chapeau ni saluer autrement son chef étonné, L'Archevêque répondit d'un ton indifférent qu'il se trouvait quelque part au bord de la rivière. La Salle se dirigea vers lui avec un reproche. L'Archevêque répondit avec encore plus d'insolence. Puis le coup de fusil retentit dans les herbes hautes où se cachait Duhaut et La Salle, touché à la tête, tomba à terre. Sans un mot, il est mort.

Douay, sans voix, restait immobile dans son élan. Les autres accoururent, Liotot , dans une exultation méprisante, criant sur le corps de La Salle : « Tu es là ! Grand pacha ! Tu es là !

Hiens , en homme rude qu'il était, éprouvait peut-être déjà des remords, car La Salle avait été bon avec lui. Le marin Teissier , qui n'avait ni participé au complot ni tenté de l'empêcher, regardait pendant que les hommes déshabillaient le chef tombé et traînaient son cadavre dans les buissons.

Là, ils l'ont laissé, leur chef, une proie des oiseaux du ciel et des loups des plaines, sans sépulture dans le coin le plus éloigné de la Grande Vallée dont il ne rêverait plus jamais des eaux, des prairies et des habitants.

CHAPITRE XXX

SAUVAGES BLANCS ET ROUGES

Au camp principal, en ce 19 mars fatal, La Salle avait quitté Joutel avec quatre autres : l'abbé, le jeune Cavelier , Pierre Talon et un autre jeune garçon nommé Barthélémy. De temps en temps, dans la journée, Joutel avait allumé des feux sur les hauteurs proches du camp afin que La Salle, s'il s'égarait, puisse revenir facilement. Il était seul sur une de ces petites collines vers le soir, regardant les chevaux paissant dans le champ voisin , quand quelqu'un accourut vers lui avec une grande excitation. C'était L'Archevêque , un homme qui avait toujours été bienveillant envers Joutel . Il y avait de très mauvaises nouvelles à annoncer, dit-il, confus et presque hors de lui.

"Qu'est-ce que c'est?" » demanda Joutel vivement alarmé.

« La Salle est mort, répondit-il, ainsi que Moranget , son neveu et deux autres. » Il a ajouté qu'ils avaient été assassinés et que les assassins avaient juré de venir tuer Joutel également.

Joutel restait hébété, ne sachant que dire ou faire. Doit-il fuir vers les bois et faire confiance à la Providence pour le guider vers la civilisation ? Ayant quitté le camp sans son arme, la vie n'était guère plus sûre dans la nature que dans le camp des meurtriers. Mais, ajoute L'Archevêque , les conspirateurs avaient décidé, en rentrant chez eux, de ne pas tuer Joutel à moins qu'il ne résiste. Après tout, il valait peut-être mieux risquer la mort en compagnie d'hommes blancs plutôt que seul dans la nature ; et ainsi les deux hommes retournèrent au camp.

Là, ils trouvèrent l'abbé Cavelier en train de prier dans un coin, et le père Douay toujours accablé et n'osant parler à Joutel par peur des assassins. Les assassins étaient entrés en force dans le camp et s'étaient emparés des biens de La Salle. Duhaut avait pris la place de chef.

« Vous pouvez me tuer si vous voulez, dit l'abbé, mais donnez-moi une demi-heure pour préparer la fin.

Mais les sauvages blancs en avaient assez de tuer. Si tous cédaient aux nouveaux dirigeants , ils pourraient garder la vie. Il n'y avait rien d'autre à faire. Ceux qui n'étaient pas dans le complot montaient la garde cette nuit-là ; et pendant de longues heures Joutel et l'abbé, le jeune Cavelier et Douay se mirent solennellement d'accord pour se soutenir jusqu'à la mort, qui leur paraissait maintenant très proche.

Le lendemain matin, sous la direction de Duhaut , la bande désespérée des treize personnes fit ses bagages et poursuivit son voyage vers le village de Cenis. Un lien commun — le besoin de s'échapper du désert — les maintenait ensemble. Pourtant, même ce lien était alvéolé de peurs, de haines et de méfiances. Joutel , l'âme révoltée, voulut tuer les meurtriers dans leur sommeil, mais l'abbé l'en dissuada.

Sous la direction d' Indiens , ils traversèrent bientôt la rivière Trinité, et comme ils approchaient de la ville de Cenis, quatre d'entre eux - Joutel , Liotot , Hiens et Teissier - furent envoyés à l'avance pour acheter de la nourriture. Ils campaient la nuit à l'extérieur du village ; et le lendemain matin, ils furent accueillis et escortés dans la ville par des chefs et des anciens vêtus en grande pompe avec des peaux de chèvre peintes sur les épaules, des couronnes de plumes sur la tête et des stries de peinture noire et rouge sur le visage.

Les Cenis vivaient dans des cabanes rondes, en forme de ruches à l'ancienne et constituées d'un cercle de perches recourbées et attachées ensemble au sommet. Les poteaux étaient entrelacés de tiges de saule et recouverts d'un épais chaume d'herbe. Au milieu de l'étage, les Indiens construisaient leur loge-feu, que les différentes familles vivant dans la hutte utilisaient en commun.

de Joutel le quittèrent bientôt pour faire du commerce avec les villageois pendant qu'ils retournaient au camp. Seul au milieu du village des gens que ses expériences sur les bords du Golfe lui avaient appris à craindre, Joutel faisait ses petites affaires et écoutait et hochait la tête aux chefs qui lui racontaient la guerre qu'ils s'apprêtaient à faire à leur pays. ennemis.

Craignant qu'on lui vole sa marchandise, Joutel ne dormit pas bien une nuit. Il enfilait ses robes vers une heure lorsqu'il entendit quelqu'un bouger près de lui. Levant les yeux, il aperçut, à la lueur du feu au centre de la loge, un homme nu, à l'exception des marques de tatouage sur son corps. Cet étranger vint s'asseoir près de lui, sans dire un mot. Dans ses mains se trouvaient un arc et deux flèches. Joutel le regarda un instant, puis parla. L'homme n'a pas répondu. Joutel attrapa son pistolet ; sur quoi l'homme se leva, se dirigea vers le feu et se rassit.

Complètement perplexe, Joutel se leva de son lit et suivit l'homme, l'étudiant attentivement tout le temps. L'homme rendit son regard, puis jeta ses bras autour de Joutel , l'embrassa et lui parla avec des mots français. Il s'agissait de Ruter , un des marins de La Salle qui l'avait abandonné, deux ans auparavant, pour les bois et la vie sauvage des camps indiens. Un autre déserteur, Grollet , avait eu peur de l'accompagner jusqu'à la maison en herbe où dormait Joutel , par peur de La Salle.

Pendant deux ans, ces hommes blancs avaient vécu comme les hommes rouges, ils avaient épousé des femmes indiennes et avaient combattu dans les guerres indiennes. Il n'y avait plus grand-chose qui distinguait Ruter de ses sombres compagnons, à l'exception de ce désir longtemps enfoui pour son propre peuple qui le poussait à venir à Joutel et à écouter avec impatience son récit d'aventures. L'histoire de la mort de La Salle parut le toucher profondément, et pendant une longue nuit, les deux hommes parlèrent près du feu de la loge indienne. Plus tard, Grollet est également venu voir et discuter avec Joutel .

Joutel resta plusieurs jours au village. Puis des messagers arrivèrent du camp pour annoncer que les dirigeants avaient décidé de retourner au fort de la baie de Saint-Louis et d'y construire un navire et de naviguer vers les Antilles. Avec les provisions qu'il s'était procurées, Joutel retourna au camp des meurtriers, où lui et l'abbé se concertèrent. Il était intolérable de continuer à vivre dans le même camp avec ceux qui avaient tué La Salle, et ils décidèrent donc de quitter leurs compagnons meurtriers et de continuer avec ceux qui n'avaient pas participé au complot, vers le fleuve Mississippi. Ils dirent à Duhaut qu'ils étaient trop fatigués pour faire le voyage de retour vers le Golfe et qu'ils resteraient avec le Cenis, ce que Duhaut accepta finalement.

Hiens et plusieurs autres, qui avaient été envoyés au village chercher des chevaux pour transporter des provisions au fort, n'étaient pas encore revenus. Pendant qu'ils attendaient, un des déserteurs français, qui connaissait les véritables projets de l'abbé et de Joutel , les raconta à Duhaut et ajouta qu'il croyait que le Mississipi n'était pas loin au nord-est ; sur quoi Duhaut changea de plan et décida qu'il irait lui aussi au Mississipi.

La nouvelle de la décision de Duhaut parvint bientôt à Hiens au village de Cenis et, quelques jours plus tard , il revint au camp, accompagné de Ruter et d'autres. Hiens se rendit directement à Duhaut et déclara qu'il n'était pas prudent de se rendre dans le Mississippi et dans les colonies blanches. Quant à lui, il ne voulut pas y aller et il réclama sa part des biens. Devant le refus de Duhaut , Hiens leva son fusil et tira en disant : « Misérable ! Vous avez assassiné mon maître ! Duhaut tomba mort. Presque au même instant, Ruter , le déserteur à moitié sauvage, ouvrit le feu sur Liotot et le blessa mortellement. Ainsi moururent les assassins de La Salle et de Moranget .

Hiens commandait désormais le groupe, qui était tombé à onze. Le vieux boucanier avait promis aux Cenis de les accompagner dans leurs guerres et, avec Ruter , Grollet et trois ou quatre autres Français, il partit avec les guerriers indiens exultants, laissant l'abbé et son groupe dans le village avec les femmes et les vieillards. . À la fin du mois de mai, les guerriers revinrent, fiers d'une grande victoire que les canons des alliés blancs leur avaient permis de remporter.

L'abbé, Joutel et leur petit groupe demandent alors l'autorisation de se séparer et d'essayer de traverser le Mississipi. Hiens donna son accord avec beaucoup de réticence. Quant à lui, il ne se souciait pas de risquer sa vie pour retourner chez les gens civilisés ; et la vie sauvage et sauvage des villages indiens le fascinait fortement. Il partagea les provisions et les marchandises avec ceux qui partaient, leur donna six chevaux pour transporter leurs marchandises et, avec de nombreux conseils, les mit en route. C'est ainsi qu'ils partirent – un groupe de sept – pour entreprendre la dernière longue marche vers les colonies d'hommes blancs. Hiens et L'Archevêque , Meusnier et Pierre Talon se joignirent aux Indiens.

Les aventures des sept voyageurs étaient innombrables. Ils passèrent ville après ville, s'arrêtant souvent pour fumer le calumet de la paix, échanger des marchandises et recueillir des nouvelles du chemin. Un matin, De Marie, alors qu'il se baignait dans la rivière près d'un village indien, se noya avant que les Indiens puissent le secourir. Les six hommes partirent, guidés par des guides indiens, jusqu'à ce qu'ils arrivent enfin avec un grand sentiment de joie à l'établissement Couture sur l'Arkansas.

Couture fut le dernier homme en Amérique à qui l'on raconta l'histoire de la mort de La Salle. L'abbé décida de le garder secret tant pour les Indiens que pour Tonty, et même de ne pas le raconter au Canada, mais d'emporter la nouvelle outre-mer avec eux jusqu'à la cour de France. Craignant que le jeune Barthélémy ne révèle leur secret, ils le laissèrent avec Couture. Le jeune garçon a raconté beaucoup de choses aux hommes du poste de l'Arkansas. Et voilà que Couture racontait toute l'histoire au commandant du fort Saint-Louis sur l'Illinois.

CHAPITRE XXXI

L'AVENTURE HÉROÏQUE DE TONTY

Couture avait ajouté la suite fatale à l'histoire de l'abbé et Joutel . Tonty l'entendit avec un mélange de désespoir et de rage. Il pensait à La Salle gisant mort et sans sépulture parmi les herbes folles au bord d'une rivière à des centaines de lieues dans le désert ; et il pensa aux cinq hommes qui étaient venus dans son fort et lui avaient caché la vérité, le lieutenant de confiance de leur maître. La Salle était donc en bonne santé lorsqu'il les quitta de l'autre côté des villages de Cenis ! Il se souvenait maintenant de l'étrange silence du père Douay. Le frère ne pouvait pas dire que La Salle allait bien lorsqu'il le quitta.

Mais la colère de Tonty s'éleva le plus fortement contre ce frère prêtre, l'abbé qui avait empêché Joutel de se venger des meurtriers, qui avait accepté tout l'hiver l'hospitalité de Tonty en le trompant, et qui s'était enfui avec son secret en France après mendiant des fournitures sous une lettre de son frère décédé.

Mais qu'en est-il de la petite garnison au bord du Golfe, fragment abandonné de la colonie dirigée par Gabriel Barbier à l'autre fort Saint-Louis ? Tonty pense au Père Membré et aux épreuves qu'ils ont traversées ensemble. Était-il trop tard pour les sauver ? Un an s'était écoulé depuis que l'abbé et sa suite étaient arrivés au fort de l'Illinois. Il y avait presque deux ans qu'ils avaient quitté Barbier ; pourtant, la colonie pourrait être encore en vie. Le maître était parti et il ne restait plus personne pour les sauver à part lui-même.

Peut-être qu'en s'apprêtant à conduire une équipe de secours jusqu'au fort du Golfe, Tonty a oublié un peu de sa colère contre l'abbé. De plus, les tribus indiennes situées entre les Illinois et la mer avaient donné à l'abbé l'assurance qu'elles se rallieraient à une attaque contre les Espagnols du Sud-Ouest. Il pourrait peut-être faire plus que sauver la colonie : il pourrait peut-être réaliser l' espoir longtemps caressé de La Salle en rassemblant une force de Français et d'Indiens et en envahissant le territoire des Espagnols détestés.

À deux reprises, Tonty était allé dans le Golfe : une fois avec La Salle et une fois à sa recherche. Il ne lui restait plus qu'à sauver les survivants que la mort de La Salle avait laissés presque sans espoir. Il renvoya Couture sur la piste par laquelle l'abbé et sa suite étaient venus, pour obtenir les renseignements qu'il pouvait ; mais le canot de Couture fit naufrage à cent lieues du fort et il revint sans nouvelles.

Puis Tonty acheta une pirogue indienne et, emmenant avec lui quatre ou cinq Français, un Shawnee et deux esclaves indiens, partit au début de décembre. Le 17, un village d'Indiens de l'Illinois, à l'embouchure de la rivière, le vit passer ; et un mois plus tard, près de l'embouchure de l'Arkansas, la tribu Kappa l'accueillit avec une grande joie et dansa le calumet devant lui. Il ne put s'arrêter longtemps dans les villes de l'Arkansas, mais descendit le fleuve jusqu'au pays des Taensas et des Natchez.

Avec une bande de Taensas, il quitta le Mississippi et se dirigea vers l'ouest. Après avoir voyagé quelques jours à travers le pays , ils arrivèrent au village des Nachitoches , où ils distribuèrent des cadeaux et conclurent la paix avec les Indiens. Prenant alors des guides, ils remontèrent la rivière Rouge jusqu'à atteindre le village des Cadadoquis , qui se trouvait sur la route par laquelle l'abbé, Joutel et leurs compagnons s'étaient battus pour sortir du désert. Ici, les Indiens ont dit à Tonty que Hiens et son groupe se trouvaient plus loin, dans un village connu sous le nom de Nabedache . Ces Nabedaches étaient les mêmes Indiens que Joutel et l'abbé appelaient les Cenis. Enfin Tonty approchait du but de son expédition ; quelques jours encore et il rejoindrait le fragment du parti de La Salle et pousserait vers le Golfe.

Mais quel était ce murmure ? Les Français refusèrent catégoriquement d'aller plus loin ; un seul d'entre eux resterait avec son chef. Tonty continuerait néanmoins. Avec son seul homme blanc, le Shawnee, les deux esclaves et cinq Cadadoquis comme guides, il reprit sa marche au début d'avril. Le Français s'est éloigné de la fête et il lui a fallu deux longues journées avant de les retrouver. Cependant, en traversant une rivière, il avait perdu la majeure partie de leur poudre : grave malheur.

Avant la fin du mois, Tonty et son groupe atteignirent le village de Nabedache où, deux ans auparavant, l'abbé et ses compagnons avaient laissé Hiens et son équipage parmi les Indiens. Les Indiens racontèrent diverses histoires sur les Français que Tonty recherchait. Les uns disaient que Hiens et son parti étaient partis avec leurs chefs combattre les Espagnols ; tandis que d'autres lui racontèrent que trois avaient été tués par une autre tribu et que les autres étaient partis à la recherche de pointes de flèches. Tonty lui-même arrivait à la ferme conclusion que les Cenis avaient tué les survivants.

Il se trouvait maintenant à plusieurs lieues au-delà de la rivière Rouge et à quelques jours de voyage du lieu du meurtre de La Salle. Quatre-vingts lieues encore le mèneraient au fort de la baie de Saint-Louis. Tonty demandait des guides, mais les Cenis ne lui en donnaient pas. Hiens et ses hommes étaient introuvables. Il regarda ses réserves restantes de poudre à canon, si nécessaire pour assurer la nourriture ainsi que la défense. C'était presque parti. Même Tonty ne pouvait pas aller plus loin. Le cœur lourd, il donna aux Indiens des hachettes et des perles de verre en échange de chevaux espagnols et repartit vers le Mississippi.

C'était le 10 mai qu'ils atteignirent le village de Cadadoquis sur la rivière Rouge, et ils s'y arrêtèrent pendant une semaine pour reposer leurs chevaux. Puis avec un guide indien ils repartirent vers le village de Coroa . Au cours des dix années que Tonty avait passées dans la nature, il n'avait jamais enduré de telles épreuves - pas même lors de ses amères expériences de l'hiver 1680, lorsqu'avec le père Membré et ses jeunes compagnons français il avait lutté pour échapper aux griffes des Iroquois en 1680. la vallée de l'Illinois et s'est frayé un chemin contre le froid et la famine jusqu'au sympathique village de Pottawattomie sur Green Bay.

Alors qu'il menait l'un des chevaux par la bride à travers un marais, le guide s'imaginait poursuivi par un alligator et tentait de grimper à un arbre. Dans sa hâte, il emmêla la bride du cheval de Tonty, qui s'était noyé. Craignant d'être puni, le guide s'est enfui vers son peuple, laissant le groupe trouver son chemin seul.

Tonty en tête, ils traversèrent, d'une manière ou d'une autre, huit ou dix ruisseaux gonflés. Partout, le pays semblait noyé, car les crues printanières étaient en cours. Ils abandonnèrent leurs chevaux et portèrent leurs propres bagages, pataugeant jour après jour dans l'eau souvent jusqu'aux genoux. Ils devaient dormir, allumer leurs feux et cuire leur nourriture sur les troncs d'arbres tombés réunis. Une seule fois, ils trouvèrent quelque chose qui ressemblait à de la terre ferme dans les lieues interminables des pays inondés.

Leur nourriture s'est épuisée et ils ont mangé leurs chiens. Il ne restait plus rien et aucun animal sauvage ne se trouvait dans toute cette tristesse humide. Un, deux, trois jours se sont écoulés sans rien manger, seulement de l'eau partout. Le soir du troisième jour, le 14 juillet, ils arrivèrent enfin au village de Coroa , où les chefs les régalèrent autant de jours qu'ils avaient jeûné. Ici, ils trouvèrent deux des hommes qui avaient déserté ; et vers la fin du mois , ils se rendirent tous ensemble vers les villes situées à l'embouchure de la rivière Arkansas. Les mois de difficultés avaient sapé même l'endurance de Tonty, et maintenant pendant près de deux semaines, il restait malade, atteint de fièvre, parmi ces gentils Indiens.

C'était à la fin du mois de septembre 1689, lorsque Tonty atteignit finalement l'imposant rocher du fort Saint-Louis et grimpa jusqu'à son sommet amical pour se reposer. Au cours de cette pénible expédition de dix mois, il n'avait ni retrouvé les ossements de son ami, ni atteint son fort sur le Golfe, ni mené une force d'invasion dans le pays des Espagnols. Mais il avait fait tout ce qui était en son pouvoir pour sauver la dernière garnison de son chef.

L'abbé avait laissé son propre frère sans sépulture dans la nature, avait délibérément retardé pendant plus d'un an toute tentative de sauvetage des survivants du fort et était parti en France avec des fonds obtenus par fraude et tromperie. Mais Tonty, presque seul, avait bravé tous les périls et toutes les difficultés pendant près d'un an dans un dernier effort courageux mais infructueux pour sauver le pitoyable reste de la malheureuse colonie de son ami dans la baie de Saint-Louis.

CHAPITRE XXXII

LE RESTE PITIFIEUX

Il valait peut-être mieux que Tonty soit obligé de faire demi-tour, car il n'aurait pu faire grand-chose même s'il avait pu continuer et atteindre la baie de Saint-Louis. Lorsqu'il était au village de Cenis ou de Nabedache pour demander des guides, les Espagnols étaient déjà partis du Mexique pour attaquer le fort français et sa petite garnison, et campaient sur la colline où La Salle avait laissé Barbier à la tête des survivants. Mais d'autres les avaient précédés et ils trouvèrent les bâtiments en ruine. Dispersés ici et là, il y avait des cartons et des morceaux de fournitures ; les portes étaient décrochées, les tonneaux brisés et, dans le pré voisin, il y avait des cadavres de Français.

Le 1er mai, deux hommes entraient dans le camp des Espagnols. Peints et sauvages et vêtus de peaux de buffle, ces deux étrangers étaient L'Archevêque et Grollet , le serviteur de Duhaut , et le compagnon à moitié sauvage de Ruter . Ils étaient venus se livrer aux Espagnols plutôt que de supporter plus longtemps leur misérable existence parmi les Indiens.

Trois mois auparavant, racontent-ils à l'officier espagnol, la maigre garnison de Barbier , qui se remettait tout juste d'un siège de variole, avait été attaquée par des Indiens Karankawa hurlants qui massacrèrent les habitants et pillèrent le fort. Gabriel Barbier et le Père Membré furent tous deux tués sur le coup. La femme de Barbier , portant un bébé de trois mois au sein, fut sauvée pour un temps par les femmes indiennes ; mais les guerriers, revenant et la trouvant encore vivante, l'assassinèrent également et, saisissant le bébé par les pieds, lui frappèrent la cervelle contre un arbre.

Ainsi, la colonie avait payé l'offense de Moranget et de ses hommes lorsqu'ils avaient débarqué pour la première fois sur les côtes des hommes rouges et volé le camp indigène de canots et de couvertures. Après le massacre, L'Archevêque et Grollet prétendirent être venus au fort et enterrer quatorze des morts.

De nombreuses années plus tard, Tonty parvint à l'histoire remarquable de certains qui avaient échappé au massacre du fort de la Baie. Parmi ceux qui étaient restés avec Barbier se trouvait la veuve Talon, dont le mari avait disparu lors d'une des premières expéditions de La Salle à la chasse au fleuve. Une de ses filles était morte de maladie au fort. Son fils aîné Pierre avait été emmené par La Salle au village de Cenis pour apprendre leur langue. Bien qu'elle ne le sache pas le jour du massacre, Pierre courait depuis un an et demi comme les Indiens eux-mêmes, en pays Cenis. Un chef de la Cenis l'avait pris, avec le jeune Meusnier , sous sa propre protection.

Mais la veuve gardait toujours quatre de ses enfants avec elle dans le fort. Puis vint ce terrible jour où les Indiens tombèrent sur eux. Sous les yeux de ses enfants, la veuve a été tuée. Mais les femmes indiennes eurent pitié des quatre petits, les emportèrent sur leur dos et les adoptèrent dans leur propre famille. L'aînée était une jeune fille nommée Marie-Madeleine Talon, et ses jeunes frères étaient Jean Baptiste, Robert et Lucien, dont l'un, maintenant âgé de quatre ans, était né en venant de France. Avec ces quatre les squaws avaient secouru un jeune garçon nommé Eustache Bréman .

Dans les loges des Indiens, les cinq enfants étaient élevés par leurs mères adoptives avec autant de soins que les enfants sombres de la tribu. Pendant de nombreuses années, la jeune fille et ses jeunes frères ont vécu comme vivaient les Indiens. Ils mangeaient de la viande comme leurs frères rouges : crue, cuite au soleil ou mi-cuite. Les garçons apprirent à courir, à monter à cheval et à tirer l'arc ; et comme les Indiens eux-mêmes, ils apprenaient à courir chaque matin, dès le point du jour, jusqu'au ruisseau le plus proche et à se plonger nus dans l'eau, quelle que soit la saison.

Un jour, les Karankawa ont pris des épines acérées et ont percé des trous dans la peau des bras, du visage et d'autres parties du corps de ces enfants français. Puis, après avoir brûlé au feu une branche de noyer, ils réduisirent le charbon en poudre, le mélangeèrent avec un peu d'eau et l'enfoncèrent dans les trous de leur peau claire. C'était très douloureux au début, mais la douleur s'est vite estompée et ensuite chaque enfant adopté est apparu tatoué de marques qu'aucun lavage ne pouvait enlever.

Jean Baptiste et le jeune Bréman furent bientôt en âge de partir avec les braves. Peut-être que la seule habitude de vie qu'ils n'ont pas pu apprendre était de manger de la chair humaine. Un jour, les guerriers tombèrent sur une tribu des Tonkawans et en tuèrent beaucoup, et pendant trois jours Jean Baptiste resta sans nourriture parce que ses adoptants ne lui donnaient rien à manger sauf la chair des hommes qu'ils avaient tués.

Pendant ce temps, chez les Cenis ou Nabedaches , Hiens et son groupe avaient vécu d'étranges expériences : ils combattaient dans des guerres sauvages et vivaient dans les huttes rondes au toit de chaume des Indiens. Mais il n'était pas dans la nature des choses que cette bande de survivants vive en paix entre eux. Ruter , le déserteur à demi sauvage qui avait parlé une nuit avec Joutel près du feu de la loge de Cenis, se disputa avec Hiens (c'est ainsi que le récit parvint à Tonty) et tua le vieux boucanier. Quant à Ruter , on n'a plus jamais entendu parler de lui. Son compagnon Grollet et le misérable L'Archevêque , fatigués de leur vie parmi les Indiens, s'étaient déjà livrés aux Espagnols.

Restent, sous la protection du chef de Cenis, Pierre Talon et son camarade Meusnier . Un jour, un ami indien leur vint avec un avertissement aux lèvres

: les Espagnols, cruels ennemis de leurs compatriotes, marchaient dans le pays indien à la recherche de ces hommes blancs réfugiés. Dans la peur, ils s'enfuirent de ville en ville ; mais leur fuite fut vaine, car ils ne tardèrent pas à tomber aux mains des cavaliers espagnols. Leurs ravisseurs les ont ramenés au village de Cenis, dans l'espoir d'y trouver d'autres Blancs. Ils furent déçus, mais lors de leur bref arrêt, ils furent tellement impressionnés par les Indiens qu'ils laissèrent trois frères franciscains espagnols et leur construisirent une chapelle dans le village. Deux des officiers espagnols parlaient la langue française en plus de la leur ; Talon et Meusnier s'étaient familiarisés avec la langue de Cenis ; et ainsi , au moyen d'une conversation à quatre, les frères apprirent des Indiens quelques mots de leur langue avant que leurs hommes n'emmènent les captifs vers le sud-ouest.

Pierre était très étonné de tout cela. Ces hommes semblaient chrétiens, même s'ils étaient espagnols, et au lieu de cruauté, ils ne lui avaient accordé que de la bonté. Si les Espagnols étaient ainsi, il leur ferait capturer aussi sa sœur et ses jeunes frères. C'est ainsi qu'il dit aux Espagnols qu'il avait trois frères et une sœur vivant avec les Karankawa , près de la baie de Saint-Louis.

Sur le chemin du retour au Mexique, les troupes espagnoles, armées d'épées, de fusils et de chevaux, pénétrèrent dans le village où se trouvaient les enfants Talon. Jean Baptiste Talon et Eustache Bréman , ils ne les trouvèrent pas ; mais Marie-Madeleine, Robert et Lucien étaient là. Les officiers acceptèrent de donner aux Indiens qui les avaient accueillis un cheval pour chaque enfant. Mais lorsqu'ils arrivèrent près de la fille Mary, qui était plus âgée et plus grande, les Indiens protestèrent ; car ils pensaient qu'ils devraient lui procurer deux chevaux. La dispute s'envenima et les deux camps prirent les armes. Les canons espagnols parlèrent, deux ou trois Indiens tombèrent morts et les autres s'enfuirent terrifiés. Les Indiens maîtrisés abandonnèrent finalement la jeune fille pour un cheval, et les Espagnols quittèrent le village à cheval, après avoir donné aux Indiens du tabac pour apaiser le cœur de ceux dont les morts gisaient sur le sol.

Les mères adoptives pleuraient leurs enfants perdus, en particulier les plus jeunes, car au cours de leurs années de séjour dans la tribu, elles avaient trouvé une place chaleureuse dans le cœur des Indiens. Jean Baptiste et le jeune Bréman restèrent encore un an auprès de leur peuple indien. Puis une autre troupe espagnole arriva et les emporta. De nouveau, les Indiens pleurèrent et exhortèrent le jeune Talon à s'enfuir le plus tôt possible, à revenir vers eux et à amener avec lui autant de chevaux espagnols que possible. Il a promis, mais ils ne l'ont jamais revu. C'est ainsi que les Talons arrivèrent au Mexique.

Pierre et Jean Talon, après de nombreuses années chez les Espagnols, arrivèrent enfin dans leur propre pays, la France. Bien avant eux, l'abbé Joutel et leurs trois compagnons étaient eux aussi revenus au pays des lys.

Dans les confins sauvages de la Grande Vallée, il ne restait que peu de traces de la dernière expédition de La Salle pour fonder une colonie au pied de ce que Joutel en était venu à appeler le fleuve fatal. De haut en bas de la large route qui traversait la vallée du nord au sud, des hommes rouges poussaient leurs pirogues en bois ou leurs canots d'écorce. A pieds mocassins , ils traînaient les cerfs à travers les bois et suivaient la trace des bêtes hirsutes des plaines. Et au point du jour, près du camp ennemi, ils poussèrent le cri de guerre, tout comme eux et leurs pères l'avaient fait depuis plusieurs centaines d'années. D'un bout à l'autre de la vallée, les hommes blancs avaient voyagé ; et pourtant, de même que la trace d'un canot disparaît dans l'eau ou que l'ombre d'un oiseau en vol passe au-dessus de la plaine et disparaît, de même il semblait maintenant que la trace du passage des hommes blancs avait disparu de la vallée et que la trace du passage des hommes blancs avait disparu de la vallée. Le rêve qui avait conduit à leur venue s'était perdu avec le rêveur sous l'herbe ondulante des plaines du Sud.

Pourtant, au bord du Golfe, un chef Quinipissa gardait année après année une précieuse lettre, attendant, et non en vain, de la remettre à un homme blanc qui viendrait de la mer à l'embouchure du fleuve. Et, loin au nord, sur un haut rocher au bord de la rivière Illinois, l'Homme à la main de fer, connu, aimé et craint de toutes les tribus, entretenait année après année la vision de son chef. Ses jours devaient être longs dans la vallée qu'il aimait et ses nombreux services rendus à son roi et à ses amis indiens ; et le moment n'était pas encore venu où il verrait le drapeau de la France flotter sur une colonie de Français à l'embouchure du fleuve qui avait parcouru comme un fil d'argent un quart de siècle de rêves et d'actions.

LA FIN